Irene Janetzky

Alain Kniebs

Irene Janetzky

1914-2005

Ein Leben im Zeichen des
Belgischen Rundfunks

Zweite erweiterte Auflage

GEV

In Zusammenarbeit mit

BRF

www.gev.be
buchverlag@ge-media.be

Zweite erweiterte Auflage

ISBN 978-3-86712-210-8
D/2026/3071/9

Titelbild: BRF-Archiv

Layout: GEV, Eupen

Bei Fragen zur allgemeinen Produktsicherheit (EU-Verordnung, GPSR) wenden Sie sich per E-Mail an buchverlag@ge-media.be.

Printed in EU

Inhalt

Irene Janetzky im Gespräch mit dem deutschen Bundeskanzler Konrad Adenauer und Staatssekretär Walter Hallstein bei einem Staatsempfang 1956 in Brüssel – ein Symbol ihrer Rolle als gut vernetzte Stimme der Deutschsprachigen in Belgien.

Quelle: BRF-Archiv

zeitreise.brf.be

Tauchen Sie ins BRF-Archiv ein und begeben Sie sich auf eine Zeitreise durch 80 Jahre (ost-)belgische Geschichte in Bild und Ton!

In Gedenken an meinen Opa und Paten
Ermin Kittel (1928-1997), Regionaleinnehmer
im Beigeordneten Bezirkskommissariat
Eupen-Malmedy-St. Vith und Zeitgenosse von
Irene Janetzky.

Für meine Familie, die mich stets unterstützt.

EINLEITUNG

Radiopionierin. Frau.
Deutschsprachige Belgierin.

Drei Eigenschaften, die jede für sich bemerkenswert sind – in Kombination aber eine außergewöhnliche Lebensgeschichte ergeben. Irene Janetzky war vieles: Stimme, Brückenbauerin, Strategin, Mutter, Sprachrohr – und vor allem eine Frau, die ihrer Zeit voraus war. In einer Welt, in der Männer die Radiostudios dominierten, Medienpolitik machten und die großen Entscheidungen trafen, stellte sie sich allein ans Mikrofon und sprach. Und obwohl sie dafür sorgte, dass die deutsche Sprache nach dem Zweiten Weltkrieg in Brüsseler Regierungskreisen überlebte und damit das Fundament für die Deutschsprachige Gemeinschaft in Belgien legte, ist ihr Name heute selbst in Ostbelgien nur wenigen ein Begriff.

Diese Biografie will das ändern.

Irene Janetzkys Lebensweg ist alles andere als gewöhnlich: 1914 in Duisburg geboren, verliert sie wenige Monate nach ihrer Geburt ihren Vater im Ersten Weltkrieg. Aufgewachsen in Malmedy, geprägt von ihrem Stiefvater Bernhard Willems – einem leidenschaftlichen Historiker –, entwickelt sie früh ein Gefühl für Sprache, Geschichte und Heimat. In den 1930er Jahren lernt sie Englisch in Eastbourne, Italienisch in Florenz und heiratet einen Gendarmerieoffizier aus Flandern. Die Ehe scheitert. Allein mit zwei kleinen Söhnen steht sie 1945 vor dem Nichts – und wagt einen Neuanfang.

Die Geschichte dieser Frau beginnt nicht mit Applaus, sondern mit Unsicherheit. Ein Schreibtisch in der letzten Ecke der Redaktion in Brüssel. Ein Füllfederhalter. Ein Zettel mit handgeschriebenen Notizen. Kein Vertrag auf Dauer. Nur eine Idee – und der Wille, sich durchzusetzen. Sie zittert am ganzen Körper, als sie das erste Mal vor dem Mikrofon steht. Es ist der 1. Oktober 1945, 18.30 Uhr. Die erste Sendung in deutscher Sprache des Belgischen Rundfunks.

Was wie eine Fußnote der Rundfunkgeschichte beginnt, wird zu einer Lebensaufgabe. Tag für Tag übersetzt sie Nachrichten, schreibt Chroniken, wählt Musik aus. Sie macht alles selbst – eine One-Woman-Show im besten Sinn. Und sie kämpft: für mehr Sendezeit, bessere Technik, professionelle Mitarbeit, redaktionelle Freiheit. Ihre Stimme wird zum vertrauten Klang in vielen Wohnzimmern einer ganzen Region.

Die Geschichte von Irene Janetzky ist nicht nur die Biografie einer Frau, die mediale Spuren hinterlassen hat, sondern auch ein Stück ostbelgischer Zeitgeschichte: Sie erzählt vom schwierigen Verhältnis zwischen Brüssel und den Ostkantonen, vom Neubeginn nach dem Krieg, vom Kampf um kulturelle Sichtbarkeit – und vom Alltag einer Frau, die sich zwischen Beruf, Politik und Familie behauptete.

Doch diese Geschichte lässt sich nicht allein über eine außergewöhnliche Frau erzählen. Sie ist untrennbar verbunden mit dem Land, in dem sie wirkte – einem Land, das selbst von Brüchen, Übergängen und ungelösten Fragen geprägt ist. Belgien war nie ein Staat aus einem Guss. Sprache, Zugehörigkeit und Macht standen hier von Beginn an in einem spannungsvollen Verhältnis. Dass eine deutschsprachige Frau aus einer kleinen Grenzregion in Brüssel überhaupt eine Stimme erhielt, war daher kein Zufall, aber auch keine Selbstverständlichkeit – sondern Ausdruck eines fragilen Gleichgewichts, das immer wieder neu ausgehandelt werden musste.

Das neue Eingangskapitel „Belgien verstehen" öffnet den Blick für diesen Hintergrund. Es zeigt, wie aus einem zentralistischen Staat langsam ein föderales Gebilde wurde, in dem auch kleine Gemeinschaften sichtbar wurden und wie Ostbelgien dabei seinen Platz suchte. Irene Janetzky arbeitete in einer Zeit, in der all dies noch nicht existierte. Ihre Sendung entstand, bevor es eine Deutschsprachige Gemeinschaft gab, bevor Minderheitenrechte politisch verankert waren. Gerade deshalb ist ihr Wirken mehr als Rundfunkgeschichte: Es ist Teil jener leisen, oft übersehenen Vorarbeit, auf der spätere politische Anerkennung erst möglich wurde.

Zugleich fällt diese erweiterte Auflage in ein symbolträchtiges Jahr: 70 Jahre deutsch-belgische Freundschaftsverträge. 1956 nahm Belgien als erstes Land nach dem Zweiten Weltkrieg wieder normale diplomatische Beziehungen mit der jungen Bundesrepublik Deutschland auf. Aus ehemaligen Kriegsgegnern wurden Partner, aus Misstrauen schrittweise Vertrauen. Diese Annäherung war kein automatischer Prozess, sondern das Ergebnis politischer Weitsicht, beharrlicher Diplomatie und zahlloser kleiner, oft unsichtbarer Brücken im Alltag. Gerade in diesem Kontext erhält das Wirken Irene Janetzkys eine zusätzliche Bedeutung. Ihre Stimme verband nicht nur Ostbelgien mit Brüssel, sondern schlug – lange vor offiziellen Freundschaftsbekundungen – auch leise Brücken zwischen deutscher Sprache und belgischem Staat. Sie arbeitete in einem politischen Klima, das noch von Verletzungen, Vorbehalten und Unsicherheiten geprägt war, und trug doch dazu bei, Normalität entstehen zu lassen. In diesem Sinne ist ihre Geschichte auch Teil jener stillen Versöhnungsarbeit, die europäische Nachkriegsgeschichte jenseits der großen Verträge geprägt hat.

Die Recherchen zu diesem Buch waren intensiv, manchmal mühselig, oft überraschend – und vor allem notwendig. Viele Dokumente lagen verstreut: in Privatarchiven, im Generalstaatsarchiv, in alten Briefen, Tonaufnahmen und Gesprächsprotokollen. Die biografische Spurensuche glich manchmal einem Puzzle mit fehlenden Teilen. Doch was sich zusammensetzen ließ, ergab ein klares Bild: das Porträt einer Frau, die weder laut noch bequem war, aber unermüdlich, klug und visionär. Zudem zeichnet dieses Buch erstmals die Entstehungsgeschichte der Sendungen in deutscher Sprache nach – vom Grundgedanken über das Sendekonzept bis zur ersten Sendung.

Dieses Buch ist kein Denkmal, sondern eine Annäherung. Eine Einladung, Irene Janetzky kennenzulernen – nicht nur als Radiopionierin, sondern als Mensch mit all seinen Stärken, Zweifeln, Erfolgen und Niederlagen. Diese Biografie will erzählen, wie es wirklich war: der schwierige Start, die kleinen Siege, das große Ganze. Und sie will vor allem eines: erinnern. An eine Frau, die durch Leistung überzeugte. Die jede Bühne ausfüllte, die man ihr gab. Die ihrem Publikum nahe war – und doch viel zu lange im Hintergrund blieb und später in Vergessenheit geriet.

Zeit, das zu ändern.

Alain Kniebs,
im Frühjahr 2026

BELGIEN VERSTEHEN

Porträt eines mehrsprachigen Landes

Wer die Geschichte Irene Janetzkys verstehen will, muss zunächst Belgien verstehen. Nicht als Land der Pralinen, der Fritten und des Biers – sondern als politisches Gebilde, das von Anfang an von Sprache, Identität und Machtfragen geprägt war. Belgien ist kein klassischer Nationalstaat, sondern ein Staatswesen, das sich entlang sprachlicher, kultureller und historischer Bruchlinien formte.

Belgien ist ein junger Staat. Erst 1830 löst es sich in einer Revolution vom Vereinigten Königreich der Niederlande. Was folgt, ist nicht die Geburt einer homogenen Nation, sondern eines Kompromisses: zwischen katholisch und liberal, zwischen Stadt und Land, vor allem aber zwischen zwei großen Sprachgruppen. Im Norden leben die Flamen, niederländischsprachig, lange sozial

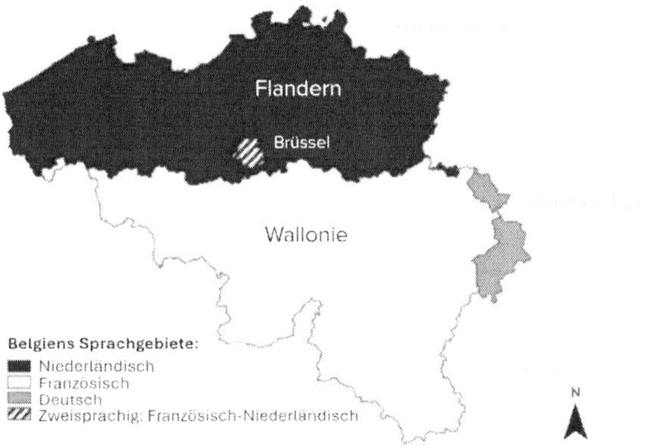

Die Sprachgrenzen Belgiens seit 1963: Sie schreiben erstmals verbindlich Niederländisch, Französisch und Deutsch als territoriale Sprachräume sowie das zweisprachige Brüssel fest.

Quelle: BRF-Archiv

benachteiligt und kulturell marginalisiert. Im Süden die Wallonen, französischsprachig, im 19. Jahrhundert wirtschaftlich dominierend und politisch tonangebend. Französisch wird zur Sprache der Macht, der Verwaltung, der Justiz, der Bildung – auch dort, wo es kaum jemand als Muttersprache spricht. Die niederländische Sprache bleibt im Norden des Landes über Jahrzehnte hinweg eine Sprache des Alltags, nicht der Institutionen.

Belgien ist damit von Beginn an ein Staat, in dem Sprache nicht nur Mittel der Verständigung, sondern auch ein politisches Instrument ist. Wer im 19. Jahrhundert Französisch spricht, gehört dazu. Wer es nicht tut, bleibt am Rand. Erst im Laufe des 20. Jahrhunderts gelingt es den Flamen, die Gleichstellung ihrer Sprache zu erkämpfen. Schritt für Schritt wird Belgien sprachlich neu organisiert: mit festgelegten Sprachgebieten und eigenen Teilstaaten. Aus dem zentralistischen Gefüge wird nach und nach ein föderaler Staat.

Heute kennt Belgien drei Amtssprachen: Französisch, Niederländisch und Deutsch. Doch diese Gleichstellung ist das Ergebnis jahrzehntelanger Konflikte, Reformen und politischer Auseinandersetzungen. Denn Belgien ist kein klassischer Bundesstaat nach deutschem Vorbild, sondern ein politisches Gebilde mit zwei sich überlagernden Ebenen: Gemeinschaften und Regionen. Diese doppelte Struktur ist einzigartig in Europa und für Außenstehende oft verwirrend. Die Gemeinschaften beruhen auf Sprache und Kultur. Sie kümmern sich um alles, was den Menschen als Mitglied einer Sprachgruppe betrifft: Bildung, Kultur, Medien sowie Teile der Sozial- und Gesundheitspolitik. Es gibt drei von ihnen – die Flämische, die Französische und die Deutschsprachige Gemeinschaft. Gerade für die Deutschsprachigen Belgiens ist diese Konstruktion von zentraler Bedeutung, denn sie verfügen trotz ihrer geringen Bevölkerungszahl von rund 80.000 Menschen über ein demokratisch gewähltes Parlament und eine eigene Regierung. Hier werden die kulturellen und sprachlichen Grundlagen ihrer Identität politisch abgesichert.

Parallel dazu existieren die Regionen, die nicht nach Sprache, sondern nach Territorium organisiert sind. Auch sie sind zu dritt: die Flämische Region, die Wallonische Region und die Region Brüssel-Hauptstadt. Ihre Zuständigkeiten betreffen den materiellen Rahmen des Landes – Wirtschaft, Verkehr, Umwelt und Energie. Während die Gemeinschaften den Menschen als kulturelles Wesen organisieren, strukturieren die Regionen den Lebensraum. Dieses System folgt damit zwei Logiken gleichzeitig: einer sprachlich-kulturellen und einer territorial-ökonomischen. In Flandern wurden beide Ebenen verschmolzen, dort sind Gemeinschaft und Region institutionell eins. In der Wallonie und in Brüssel bestehen sie hingegen nebeneinander. Für die Deutschsprachigen ergibt sich daraus eine besondere Konstellation: Sie bilden eine eigene Gemeinschaft, gehören territorial jedoch zur Wallonischen Region. In Eupen oder St. Vith entscheidet die Deutschsprachige Gemeinschaft über Schule, Kultur und Medien – Straßenbau und Wirtschaftspolitik liegen hingegen bei der Wallonie. Eine Sonderrolle spielt Brüssel. Die Hauptstadt liegt geografisch in Flandern, ist politisch aber eine eigenständige Region und offiziell zweisprachig – Französisch und Niederländisch. Zugleich ist Brüssel Sitz des föderalen Staates, der flämischen Institutionen, der Institutionen der Französischen Gemeinschaft und europäische Metropole. Diese komplexe Staatsstruktur ist nicht das Ergebnis theoretischer Staatskunst, sondern die Antwort auf jahrzehntelange Konflikte. Seit den 1970er Jahren ist Belgien schrittweise föderalisiert worden. Statt eine nationale Identität über die Sprache zu erzwingen, entschied man sich, mehrere Identitäten politisch gleichwertig nebeneinander bestehen zu lassen. Für kleine Gemeinschaften wie die Deutschsprachigen ist das ein historischer Glücksfall: Aus einer marginalisierten Minderheit wurde eine anerkannte politische Einheit mit eigenen Rechten und Gestaltungsspielraum.

Diese Entwicklung hat sich nicht in einem Schritt vollzogen, sondern in einer Reihe aufeinanderfolgender Staatsreformen. Die erste Reform von 1970 erkennt erstmals offiziell die Existenz der drei Kulturgemeinschaften an und schafft damit die Grundlage für eine sprachlich gegliederte Staatsorganisation. 1980 erhalten die Teilstaaten eigene Regierungen und Parlamente mit klar umrissenen Zuständigkeiten. Mit der dritten Reform 1988/89 werden die Gemeinschaften unter anderem für das Bildungswesen zuständig – ein zentraler Schritt, da hier die Sprache nicht nur vermittelt, sondern gesellschaftlich verankert wird. Gleichzeitig wird Brüssel als eigenständige Region institutionalisiert und damit politisch aus dem Schatten der beiden großen Landesteile gelöst. Die vierte Staatsreform von 1993 markiert schließlich einen Wendepunkt: Belgien wird nun auch formal als föderaler Staat in der Verfassung verankert. Die Teilstaaten erhalten weitreichende Autonomie, während der föderale Staat auf klassische Kernaufgaben wie Außenpolitik, Verteidigung, Justiz und Finanzen beschränkt wird. Weitere Reformen folgen 2001 und 2011, die den Regionen und Gemeinschaften zusätzliche Kompetenzen übertragen, etwa in der Wirtschafts- und Arbeitsmarktpolitik, im Familienrecht sowie in der Gesundheits- und Sozialverwaltung. Belgien entwickelte sich damit schrittweise von einem zentralistischen Einheitsstaat zu einem der am stärksten dezentralisierten Staaten Europas.

Als Irene Janetzky 1945 ihre Arbeit aufnahm, existierte all dies noch nicht. Belgien war damals ein zentralistischer Staat, die Deutschsprachigen politisch kaum organisiert, institutionell praktisch unsichtbar. Ihre Sendung entstand also nicht innerhalb eines etablierten Minderheitenmodells – sie war Teil seiner Entstehungsgeschichte. Was heute selbstverständlich erscheint – ein deutschsprachiges Parlament, eine Regierung, ein öffentlich-rechtlicher Rundfunk in deutscher Sprache – war zur Zeit Janetzkys ein fernes, kaum vorstellbares Szenario. Gerade deshalb kommt ihrem Wirken eine besondere historische Bedeutung zu: Sie arbeitete in einem Staat, der seine Vielfalt noch nicht strukturell anerkannt hatte.

Ostbelgien – ein Sonderfall der Geschichte

Die deutschsprachige Bevölkerung Belgiens lebt fast ausschließlich in den sogenannten Ostkantonen: Eupen, Malmedy und St. Vith. Ihre Zugehörigkeit zu Belgien ist das Resultat einer geopolitischen Entscheidung nach dem Ersten Weltkrieg.

Vom Wiener Kongress 1815 bis 1919 gehört das Gebiet zu Preußen. Der Versailler Vertrag schlägt Eupen-Malmedy dem Königreich Belgien zu – nicht durch eine klassische Volksabstimmung, sondern durch eine sogenannte „öffentliche Meinungsäußerung“, die alles andere als geheim war und bis heute umstritten bleibt. Viele Bewohner fühlen sich damals fremdbestimmt, politisch entwurzelt, kulturell verunsichert.

Belgien seinerseits betrachtet die Region lange als „neubelgisch“, als zu integrierendes, nicht voll akzeptiertes Territorium. Der Versuch, die Bevölkerung zu „belgisieren“, also politisch und kulturell auf den neuen Staat auszurichten, prägt die Zwischenkriegszeit. Deutsch bleibt Alltagssprache, doch Französisch wird Verwaltungs- und Bildungssprache.

Der Zweite Weltkrieg verschärft diese Brüche. Am 18. Mai 1940 gliedert das nationalsozialistische Deutschland die Ostkantone per Führererlass wieder dem Reich an. Nach 1945 kehrt das Gebiet endgültig zu Belgien zurück – doch diesmal unter dem Schatten der Kollaboration, des Misstrauens, der politischen Säuberung. Nach 1945 steht die deutschsprachige Bevölkerung unter besonderer Beobachtung. Loyalitätsfragen bestimmten den Alltag, vielfach begleitet von pauschalem Misstrauen. Gleichzeitig ist Deutsch für viele Ostbelgier die einzige Sprache, in der sie sich wirklich ausdrücken können – abgesehen von plattdeutschen Dialekten.

In den Jahrzehnten nach dem Krieg setzt allmählich ein politischer und gesellschaftlicher Normalisierungsprozess ein. Schrittweise erhalten die Deutschsprachigen eigene kulturelle Rechte, zunächst in begrenztem Umfang, später mit wachsender institutioneller Selbstständigkeit. 1973 wird der Rat der deutschen Kulturgemeinschaft geschaffen, 1984 folgt die Einsetzung einer eigenen Regierung. Damit wird die deutschsprachige Bevölkerung erstmals nicht mehr nur als regionale Minderheit, sondern als eigenständige politische Gemeinschaft innerhalb des belgischen Staates anerkannt. In den folgenden Jahren überträgt die Wallonische Region der Deutschsprachigen Gemeinschaft zusätzlich Zuständigkeiten, unter anderem in den Bereichen Beschäftigungspolitik, Raumordnung, Denkmalpflege sowie die Aufsicht über die Kommunen, wodurch ihre politische Gestaltungskraft weiterwächst.

Heute bildet die Deutschsprachige Gemeinschaft mit rund 80.000 Einwohnern die kleinste der drei belgischen Sprachgemeinschaften, verfügt jedoch über weitreichende Zuständigkeiten in Kultur, Bildung, Medien und sozialen Bereichen. Ostbelgien ist wirtschaftlich eng mit der Wallonie, Luxemburg und Deutschland verflochten und profitiert von seiner Lage im Herzen Europas.

Zugleich bewahrt die Region ein ausgeprägtes eigenes Profil, geprägt von lokaler Verwurzelung, Mehrsprachigkeit und einer gewachsenen Sensibilität für kulturelle Identität. Die Grenzregion ist damit zu einem selbstbewussten Bestandteil des belgischen Föderalstaates geworden.

KAPITEL I

Die erste Sendung

Sie zittert an Leib und Seele. Nur noch wenige Augenblicke, dann geht es los. Konzentriert schaut Irene Janetzky auf ihren Zettel, den sie zwischen ihren Fingern hält. Handgeschrieben stehen darauf die ersten Zeilen der *Sendung in deutscher Sprache*. Im Sendestudio 15 des Funkhauses am Brüsseler Flagey-Platz wurden bislang Hörspiele produziert; jetzt kommt es in diesem kleinen Hörfunkstudio zu einer Premiere – weniger als fünf Monate nach dem Ende des Zweiten Weltkriegs. Irene Janetzky schaut sich nochmal um. Sie ist nervös. Das große Kondensatormikrofon füllt gefühlt die Hälfte des kleinen Raums und wirkt angsteinflößend auf die 31-Jährige, die nur wenige Tage zuvor in die Welt des Rundfunks eingetaucht war. „*Antenne dans 30 secondes*" (30 Sekunden bis zum Sendestart), ruft ein Techniker ihr zu. Keine halbe Minute mehr, dann ist sie zum ersten Mal in ihrem Leben live auf Sendung …

Montag, 1. Oktober 1945, 18.30 Uhr: Im dritten Hörfunkprogramm *Bruxelles 3* der Belgischen Rundfunkanstalt – damals *Radiodiffusion Nationale Belge* genannt – erklingt das Indikativ der *Sendung in deutscher Sprache*. Es handelt sich um die ersten Takte der orchestrierten Fassung des alten wallonischen Volkslieds „*Alors voilà Mathieu!*". Ausgewählt wurde die Musik von Achille Colwaert, seines Zeichens beigeordneter Musikdirektor des Brüsseler Rundfunks. Colwaert hatte seine Karriere als Berufsmusiker und Dirigent begonnen. Im November 1930 zeichnete er besagtes Werk mit dem *Orchestre du Forum de Liège* auf – in einem aufwändigen Verfahren auf Schellack-Platte. Jetzt dienen die ersten Takte des Orchesterwerks als Erkennungsmelodie für die neue Sendung in deutscher Sprache.

Um Punkt 18.30 Uhr muss zunächst ein französischsprachiger Sprecher auf dem Mittelwellensender ran: „*Radiodiffusion belge. Vous allez entendre notre émission en langue allemande destinée aux habitants des cantons belges de l'Est.*" Dann ist Irene Janetzky endlich an der Reihe. Mit ihrer sympathischen Stimme legt sie auf Deutsch los: „*Belgischer Nationaler Rundfunk. Wie an jedem Wochentag bringen wir Ihnen die Sendung in deutscher Sprache – bestimmt für unsere Bewohner der belgischen Ostkantone.*"

Die halbstündige Sendung besteht fortan aus einer Zusammenfassung der wichtigsten Nachrichtenmeldungen aus Belgien und aller Welt sowie einem Hintergrundbeitrag über ein Thema aus wahlweise Zeitgeschehen, Politik, Wirtschaft, Geschichte, Kultur oder Sport. Hinzu kommt Musik – einer der Hauptgründe, wofür in Belgien in den heimischen Wohnzimmern seit der ersten Hörfunkübertragung aus dem königlichen Schloss Laeken bei Brüssel (Schloss Schonenberg) 1914 Radio gehört wurde. Allerdings spielen die deutschsprachigen Sendungen zunächst nur so genannte „E-Musik" – ernste oder ernst zu wertende Musik, was gleichbedeutend ist mit klassischer Musik. Die Musikstücke wählt Irene Janetzky höchstpersönlich aus. Dazu begibt sie sich einmal täglich in die große Diskothek des Rundfunks im Untergeschoss des Funkhauses. So oder so muss Janetzky sich um alles kümmern: Sie ist die einzige Mitarbeiterin der *Sendung in deutscher Sprache*. Es ist eine *One-Woman-Show*. An ihrem ersten Arbeitstag bekam sie einen Schreibtisch in der hintersten Ecke der französischen Redaktion zugewiesen, einen Füllfederhalter, Papier sowie den verantwortungsvollen Sendeauftrag, fortan von montags bis samstags 30 Minuten in deutscher Sprache zu produzieren – bis auf Widerruf, denn die Sendung war zunächst als zeitlich befristetes Programm angedacht. Alles andere musste sich die zunächst noch reservierte junge Dame aus den Ostkantonen selbst erarbeiten. In mehrerlei Hinsicht kann man sie als Pionierin bezeichnen: als eine der ersten Frauen wurde Irene Janetzky im Oktober 1945 als Sprecherin und Journalistin beim Rundfunk fest angestellt – die Radiowelt war bislang fast ausschließlich von Männern dominiert –, sie sendete wenige Monate, nachdem die letzten nationalsozialistischen Truppen aus dem besetzten Belgien vertrieben worden waren, auf Deutsch und ihre Sendung war ein *Eine-Frau-Betrieb*, was zur damaligen Zeit noch völlig ungewöhnlich war.

Irene Janetzky macht sich an die Arbeit und übersetzt die Nachrichten ihrer französischsprachigen Kollegen ins Deutsche. Sie recherchiert für ihre ersten eigenen Beiträge, textet, macht ihre ersten Interviews und wählt die Musik zur Sendung aus. Jeden Tag aufs Neue. Was sie nicht weiß, erfragt sich die fleißige Janetzky im Kreise ihrer männlichen Kollegen, die sie inzwischen liebevoll-paternalistisch *„notre petite Irène"* (unsere kleine Irene) nennen. Wenn es um Sport geht, ist sie mit ihrem Latein am Ende. Außer Tennis kennt die junge Journalistin nichts vom Sport. Zum Glück ist der gleichaltrige Luc Varenne zur Stelle, der die Sportredaktion des Senders leitet. Von ihm lernt sie viel – unter anderem die Abseitsregel im Fußball. Varenne war 1941 nach England geflüchtet und gehörte zum kleinen Rundfunkteam, das von London aus Hörfunksendungen für die Bevölkerung in der besetzten Heimat produzierte. Nach der Befreiung kehrte er zurück nach Belgien. Anfang 1945 leitete er kurzzeitig die französische Redaktion des Brüsseler Rundfunks, bevor er sich ausschließlich dem sportlichen Geschehen widmete. Einige Wochen nach dem Start der *Sendung in deutscher Sprache* – im November 1945 – sollte ein weiterer Programmpunkt hinzugefügt werden: ein rund fünfminütiger Französischunterricht, der von nun an zum Ausklang des deutschen Programms gesendet würde. Unter anderem wegen des schlechten Empfangs in den Ostkantonen verzögert sich aber der Start des Französischkurses. Tatsächlich startet der Sprachkurs erst im November 1946. Gegeben wird er von Lehrerin Madeleine Van Keer. Auch die französisch- und niederländischsprachigen Programme des Brüsseler Rundfunks bieten in den Nachkriegsjahren Fremdsprachunterrichte im Radio an. Jedoch hat der Französischkurs in der *Sendung in deutscher Sprache* noch einen anderen Hintergrund. Auf allen Ebenen versuchen die belgischen Behörden in der Nachkriegszeit, aus den Bewohnern der Kantone Eupen, Malmedy und St. Vith „richtige" Belgier zu machen. Die preußischen Kreise Eupen-Malmedy waren nach dem Versailler Vertrag 1920 zum Königreich Belgien gekommen. Durch einen Führererlass vom 18. Mai 1940 wurden die Gebiete dem Deutschen Reich einverleibt. Nach der Befreiung Belgiens im September 1944 kehrten sie zurück zu Belgien. Doch erst nach der verheerenden Ardennenschlacht und nach dem Kriegsende in Europa am 8. Mai 1945 begann im Osten Belgiens eine neue Ära.

War die *Sendung in deutscher Sprache* also nur ein Instrument, um die Deutschsprachigen in Belgien zu „assimilieren"? Irene Janetzky hat dieser Vermutung stets widersprochen. In einem Interview mit dem Belgischen Rundfunk (BRF) erklärte sie 1985: *„Seit dem Anfang haben wir immer darauf gepocht: Die deutsche Sprache soll bestehen bleiben! Wissen Sie, es ist sehr viel nachher fabuliert worden. Dabei hatte jeder so viel mit sich selbst zu tun, auch die Politiker. Man war sehr froh, dass die Sendungen in deutscher Sprache liefen…"* Und weiter: *„Es war nicht leicht. Denn wir bekamen ja auch Briefe aus der Wallonie: Warum eine deutschsprachige Sendung? Man wollte ein Bindeglied herstellen. Die Politiker nannten es immer zu der Zeit le cordon ombilical – die Nabelschnur mit Brüssel, mit Belgien."*

Und so endet um kurz vor 19 Uhr die erste *Sendung in deutscher Sprache*. Dann folgt Stille im Äther auf dem Lütticher Mittelwellensender 263-Meter-Band. Das nachfolgende französischsprachige Programm startet erst um 19.15 Uhr. Den Sicherheitsabstand von 15 Minuten zum deutschen Programm hatte die Rundfunkdirektion ganz bewusst eingebaut – übrigens genauso vor dem täglichen Sendestart in deutscher Sprache. Der Zweite Weltkrieg war eben erst gerade vorbei.

Die Drahtzieher

Noch bevor der Krieg offiziell zu Ende geht, setzt die belgische Regierung einen Sonderbeauftragten für die Ostkantone ein. Henri Hoen nimmt seinen Dienst am 15. Januar 1945 auf. Hoen wurde 1909 in Eupen geboren, war nach seinem Studium für mehrere Ministerien in Brüssel tätig. Sein Auftrag als beigeordneter Bezirkskommissar ist klar umrissen: die deutsch-belgische Grenze möglichst dicht machen, die Orientierung der Region zum Landesinnern fördern und zugleich die französische Sprache in Verwaltung und Schule stärken. Hoens Vergangenheit bleibt jedoch zwiespältig: Zu Beginn des Zweiten Weltkriegs befand er sich auf Tuchfühlung mit den Besatzern. Laut unbestätigten Quellen könnte er dabei eine Art Verbindungsmann zwischen verbliebenen belgischen Ministerien und den deutschen Besatzungsbehörden gewesen sein, insbesondere in Kontakt mit dem Militärgouverneur Alexander von Falkenhausen. Der deutsche General gilt als Widerstandskämpfer gegen den Nationalsozialismus und stand in Verbindung zu den Attentätern vom 20. Juli 1944. Welche Rolle Hoen tatsächlich spielte, ist bis heute nicht eindeutig geklärt; die belgische Staatssicherheit leitete damals jedenfalls Ermittlungen gegen ihn ein.

Hoen macht sich zunächst ein umfassendes Bild der schwierigen Lage in den Ostkantonen. Vier Monate nach seinem Amtsantritt in Malmedy erscheint am 15. Mai 1945 unter dem Titel *Brüsseler Rundfunksendungen in deutscher Sprache erwünscht* folgender Leserbrief in der deutschsprachigen Tageszeitung *GrenzEcho*: *„Eine große Anzahl der Einwohner der Ostkantone, die weder des Französischen noch des Flämischen mächtig ist, vernimmt an ihrem Rundfunkgerät die innenpolitischen Nachrichten aus Brüssel nur über deutschsprachige Sendungen aus London, die natürlich* *die Ereignisse nur in stark verkürzter Form schildern können.* (...) *Es erschiene darum wünschenswert, dass der Brüsseler Sender täglich mehrmals einige Minuten Nachrichten auf Deutsch verbreiten würde* (...)." Unterschrieben sind die Zeilen mit „*ein Eupener*". Nur vier Tage später antwortet der beigeordnete Bezirkskommissar persönlich – ebenfalls in einem Leserbrief in der Zeitung: „*Mit Schreiben vom 10. März 1945 habe ich die zuständige Zentraldienststelle in Brüssel gebeten, die wichtigsten politischen Nachrichten Belgiens für die Bevölkerung Eupen-Malmedy-St. Vith kurz in deutscher Sprache wiederzugeben. Ich werde der Regierung nochmals den Vorschlag machen, baldigst dem Wunsche der Bevölkerung nachzukommen* (...)." Der Verdacht liegt nahe, dass Hoen die anonymen Zeilen des ersten Leserbriefs selbst verfasst hat. Einerseits, um Druck auf die Entscheidungsträger in Brüssel auszuüben. Andererseits passt das Vorhaben einer Sendung in deutscher Sprache wunderbar zu seinen politischen Vorhaben, den Blick der Ostbelgier künftig verstärkt ins Inland zu richten. Außerdem wusste der gebürtige Eupener Hoen, dass es bereits vor dem Zweiten Weltkrieg einige wenige Hörfunksendungen in deutscher Sprache gegeben hatte.

Die allerersten deutschsprachigen Radiosendungen in Belgien

Bereits Mitte der 1930er Jahre waren mögliche deutschsprachige Radiosendungen in der Abgeordnetenkammer in Brüssel diskutiert worden, um das Zugehörigkeitsgefühl der Deutschsprachigen zu ihrer neuen Heimat Belgien zu erhöhen. Regierungsvertreter in Brüssel versprachen, im Raum Verviers bald ein zweisprachiges Programm aufzubauen. Auch als das Nationale Rundfunkinstitut INR 1937 seine erste große Strukturreform erlebte und in eine französischsprachige und eine niederländischsprachige Abteilung aufgeteilt wurde, war im entsprechenden Jahresbericht der Rundfunkanstalt bereits die Rede von *„Uitzendingen in het Duitsch"* (Sendungen in deutscher Sprache, veraltete Schreibweise in Flandern). Doch es passierte erstmal nichts. In den Ostkantonen war die Gesellschaft inzwischen politisch gespalten: Auf der einen Seite die Probelgier; auf der anderen die Prodeutschen, die sich vor allem in der *Heimattreuen Front* versammelt hatten. Das Medium Radio wurde immer populärer und die nationalsozialistische Propaganda des mächtigen Reichsenders Köln war in jener Zeit in den Ostkantonen bestens zu empfangen. Am 21. April 1938 wurde in Eupen der private Verein *Deutschsprachige Rundfunkvereinigung Belgiens* (D.R.B.) gegründet mit der Absicht, deutschsprachige Radiosendungen anzubieten. Der Impuls dazu kam vom Eupener Dechanten Hubert Keufgens. Nur wenige Tage später, am 27. April 1938, startete der Sendebetrieb – drei Mal wöchentlich gab es von nun an ein zweistündiges Angebot, vor allem Musiksendungen. Ausgestrahlt wurde das deutschsprachige Programm über die Sendeanlagen von *„Radio Verviers"* auf Mittelwelle 200. Auch gab es erste Sendungen in Eupener, Kelmiser und Raerener Mundart. Doch dem privaten Verein gingen rasch die finanziellen Mittel aus, ab Oktober 1938 wurden die Sendungen unregelmäßiger, im Januar 1939 musste der Sendebetrieb sogar vollständig eingestellt werden. In der Zwischenzeit hatte der belgische Staat in Polleur bei Verviers ein Gelände erworben und dort einen Sendemast errichtet – für den Eupener Radioverein D.R.B. kam jedoch jede Hilfe zu spät. Erst nach dem Überfall von Nazi-Deutschland auf Polen am 1. September 1939 wurde den belgischen Behörden der Ernst der Lage in den Ostkantonen bewusst und startete der Nationale Rundfunk eine kurze deutschsprachige Nachrichtensendung. Der aus Malmedy stammende Beamte Henri Binot vom Verkehrsministerium brachte die wichtigsten Meldungen des Tages in deutscher Sprache. Der nationalsozialistische Propaganda-Zug war jedoch längst abgefahren und erreichte einen Großteil der Bevölkerung in den Ostkantonen. Gegenaktionen waren zwecklos. *Too little, too late.*

Der beigeordnete Bezirkskommissar Henri Hoen ist bestens vernetzt, sowohl in Brüssel als auch in den Ostkantonen. Ein Mann wird ihm besonders nützlich für sein Rundfunk-Vorhaben sein: Der gebürtige Malmedyer Carly Duchesne arbeitet im Kabinett von Verkehrsminister Ernest Rongvaux, der wiederum aus der Gegend von Arlon stammt. Das Areler Land gehörte vor der Gründung Belgiens zum deutschsprachigen Teil Luxemburgs. Duchesne überredet seinen Minister und weitere Regierungsmitglieder, den Brüsseler Rundfunk mit der Schaffung einer deutschsprachigen Sendung zu beauftragen. Mehr noch: Duchesne schlägt sogar vor, einen französischen Sprachkurs im Rahmen der Sendungen anzubieten. In seinem Schreiben vom 12. Mai 1945 an Rundfunkdirektor Théo Fleischman führt er aus: *„In einem weiteren Gespräch mit dem Minister für Kommunikation habe ich vorgeschlagen, täglich eine Französischlektion anzubieten. Dieser Vorschlag fand die Zustimmung des Ministers für öffentliche Bildung, mit dem ich ebenfalls darüber gesprochen habe."* In den abschließenden Worten des kurzen Schreibens verleiht Duchesne seinem Bestreben noch mehr Nachdruck: *„Ich wünsche mir, dass Sie den Gegenstand dieses Schreibens mit besonderer Aufmerksamkeit prüfen, da ich davon überzeugt bin, dass das Ansehen Belgiens von der Initiative abhängt, die seine Führungskräfte in naher Zukunft an den Tag legen werden."* Drei Tage später erscheint der anonyme Leserbrief im *GrenzEcho* …

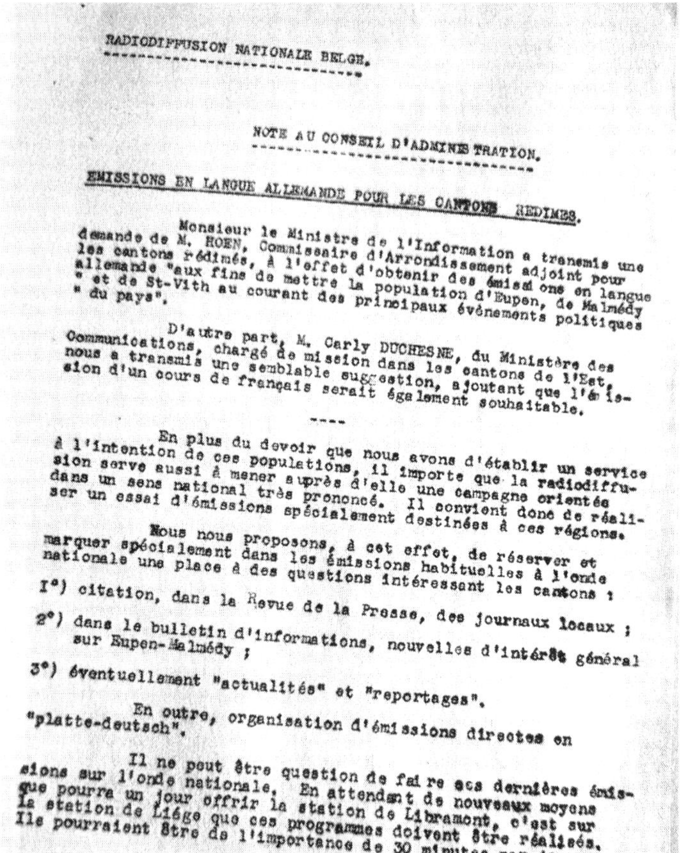
RADIODIFFUSION NATIONALE BELGE.

NOTE AU CONSEIL D'ADMINISTRATION.

EMISSIONS EN LANGUE ALLEMANDE POUR LES CANTONS REDIMES.

Monsieur le Ministre de l'Information a transmis une demande de M. HOEN, Commissaire d'Arrondissement adjoint pour les cantons rédimés, à l'effet d'obtenir des émissions en langue allemande "aux fins de mettre la population d'Eupen, de Malmédy " et de St-Vith au courant des principaux événements politiques " du pays".

D'autre part, M. Carly DUCHESNE, du Ministère des Communications, chargé de mission dans les cantons de l'Est, nous a transmis une semblable suggestion, ajoutant que l'émission d'un cours de français serait également souhaitable.

En plus du devoir que nous avons d'établir un service à l'intention de ces populations, il importe que la radiodiffusion serve aussi à mener auprès d'elle une campagne orientée dans un sens national très prononcé. Il convient donc de réaliser un essai d'émissions spécialement destinées à ces régions.

Nous nous proposons, à cet effet, de réserver et marquer spécialement dans les émissions habituelles à l'onde nationale une place à des questions intéressant les cantons :

1°) citation, dans la Revue de la Presse, des journaux locaux ;

2°) dans le bulletin d'informations, nouvelles d'intérêt général sur Eupen-Malmédy ;

3°) éventuellement "actualités" et "reportages".

En outre, organisation d'émissions directes en "platte-deutsch".

Il ne peut être question de faire ces dernières émissions sur l'onde nationale. En attendant de nouveaux moyens que pourra un jour offrir la station de Libramont, c'est sur la station de Liége que ces programmes doivent être réalisés. Ils pourraient être de l'importance de 30 minutes par jour.

Ein visionärer Vorschlag: In seiner Notiz vom 2. Juni 1945 an den Verwaltungsrat des Rundfunks regt Direktor Théo Fleischman die Einführung einer deutschsprachigen Sendung für die *„cantons rédimés"* an.

Quelle: Archivbestand RTB (RTB IEF) (1928-1985), Nr. 4992, Generalstaatsarchiv Brüssel

Duchesnes Brief an den Rundfunk sollte seine Wirkung nicht verfehlen. Nur drei Wochen später, am 2. Juni 1945, legt Generaldi-

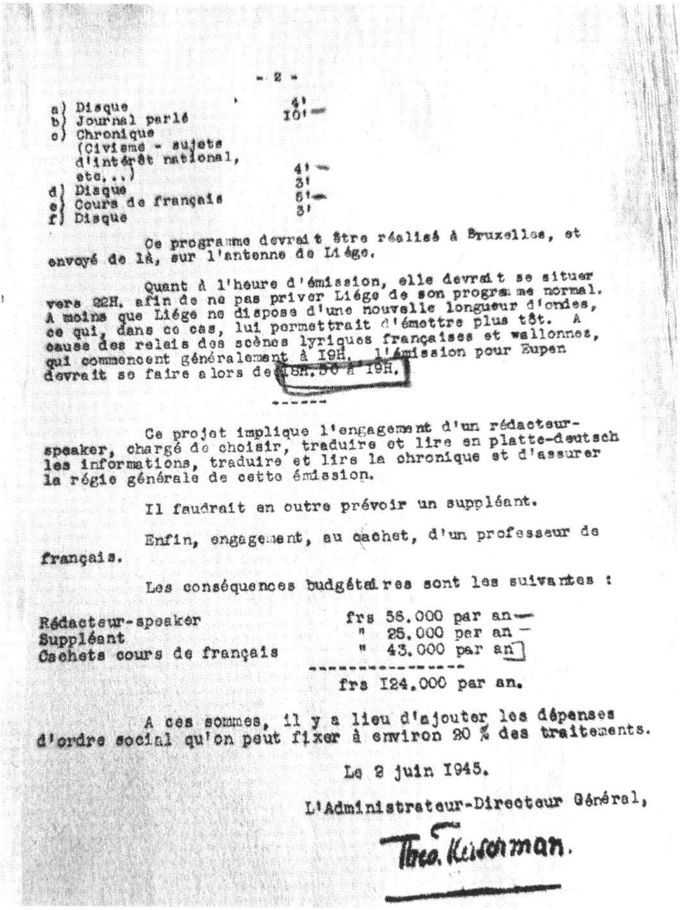

- 2 -

a) Disque 4'
b) Journal parlé 10'
c) Chronique (Civisme - sujets d'intérêt national, etc...) 4'
d) Disque 3'
e) Cours de français 5'
f) Disque 3'

Ce programme devrait être réalisé à Bruxelles, et envoyé de là, sur l'antenne de Liége.

Quant à l'heure d'émission, elle devrait se situer vers 22H. afin de ne pas priver Liége de son programme normal. A moins que Liége ne dispose d'une nouvelle longueur d'ondes, ce qui, dans ce cas, lui permettrait d'émettre plus tôt. A cause des relais des scènes lyriques françaises et wallonnes, qui commencent généralement à 19H. l'émission pour Eupen devrait se faire alors de 18H.30 à 19H.

Ce projet implique l'engagement d'un rédacteur-speaker, chargé de choisir, traduire et lire en platte-deutsch les informations, traduire et lire la chronique et d'assurer la régie générale de cette émission.

Il faudrait en outre prévoir un suppléant.

Enfin, engagement, au cachet, d'un professeur de français.

Les conséquences budgétaires sont les suivantes :

Rédacteur-speaker	frs 56.000 par an
Suppléant	" 25.000 par an
Cachets cours de français	" 43.000 par an
	frs 124.000 par an.

A ces sommes, il y a lieu d'ajouter les dépenses d'ordre social qu'on peut fixer à environ 20 % des traitements.

Le 2 juin 1945.

L'Administrateur-Directeur Général,

Theo. Fleischman.

rektor Fleischman dem Verwaltungsrat des Belgischen Rundfunks INR eine Note vor. Darin erklärt er dem Aufsichtsgremium, dass die Herren Hoen und Duchesne mit der Bitte an die Regierung herangetreten sind, eine Radiosendung für die Ostkantone ins Leben zu rufen. Fleischmans Note trägt den bezeichnenden Titel „Émissions *en langue allemande pour les cantons rédimés*" (Sendungen in deutscher Sprache für die rehabilitierten Kantone). Die veraltete und wenig schmeichelhafte Bezeichnung *„cantons rédimés"* wurde vor allem nach dem Ersten Weltkrieg in Bezug auf die neubelgischen Kantone Eupen, Malmedy und St. Vith verwendet. In seiner Note führt Fleischmann aus: *„Neben der Pflicht, einen Dienst für diese Bevölkerung einzurichten, ist es wichtig, dass der Rundfunk auch dazu dient, eine Kampagne mit einer starken nationalen Ausrichtung für diese Bevölkerung zu führen. Daher sollte ein Versuch mit speziell auf diese Region zugeschnittenen Sendungen durchgeführt werden."* Außerdem schlägt Fleischman vor, in der täglichen Presseschau der Hauptwelle *Bruxelles I* verstärkt ein Augenmerk auf die Zeitungen Eupen-Malmedys zu legen, bei Großereignissen aus den Ostkantonen zu berichten und eine Sendung in *„Platte-Deutsch"* (gemeint war wohl „Plattdeutsch", also Mundart) anzubieten. Unter keinen Umständen dürfe die deutschsprachige Sendung aber im Brüsseler Hauptprogramm gesendet werden. Aufgrund der wenigen Sender, die unmittelbar nach dem Krieg zur Verfügung standen, sollte die *Sendung in deutscher Sprache* im Lütticher Regionalprogramm ausgestrahlt werden – je nach verfügbarer Sendezeit, *„möglicherweise erst um 22 Uhr, vielleicht steht aber auch ein Sendeplatz um 18.30 Uhr zur Verfügung."* Auch einen genauen Ablauf der Sendung fügt Fleischman der Note bereits hinzu: *„Musik: 4 Minuten. Nachrichten: 10 Minuten. Radio-Kolumne: 4 Minuten. Musik: 3 Minuten. Französischunterricht: 5 Minuten. Musik: 3 Minuten."* Die Rundfunkleitung nimmt ebenfalls eine Ressourcenplanung vor: *„Dieses Projekt beinhaltet die Einstellung eines Redakteurs/Sprechers, der die Informationen auswählt, ins Platte-Deutsch* (sic) *übersetzt und vorliest, die Kolumne übersetzt und vorliest und die Gesamtregie für diese Sendung übernimmt. Zusätzlich sollte ein Stellvertreter vorgesehen werden."* Die Gesamtjahreskosten für die *Sendung in deutscher Sprache* gibt Fleischman mit 124.000 belgischen Franken an (ein Euro entspricht etwa 40 belgischen Franken), zuzüglich 20

Prozent Aufschlag für Sozialabgaben. In den Gesamtkosten enthalten sind das Gehalt für den Redakteur, etwaige Ersatzdienste sowie das Honorar für den Französischlehrer.

Rundfunklegende Théo Fleischman

Théo Fleischman ist ein Pionier der Rundfunkwelt. Jahrgang 1893, in Antwerpen geboren, Jude, wächst er in Paris auf, ehe ihn der werbefinanzierte Privatsender *„Radio Belgique"* 1924 nach Brüssel lockt. Der emsige Journalist gilt als Erfinder der Radionachrichten, die er ab dem 1. November 1926 täglich in den Äther bringt und denen er in seiner Muttersprache Französisch den vielsagenden Namen *„journal parlé"* verpasst (wörtlich übersetzt: gesprochene Zeitung). Sein Motto: alle Welt- und Tagesnachrichten in 30 Minuten. Sein nüchterner und kurzgefasster Stil findet schnell Nachahmer in ganz Europa. Per Gesetz vom 18. Juni 1930 übernimmt der belgische Staat die Frequenzhoheit und gründet nach dem Vorbild der britischen BBC die öffentlich-rechtliche und gebührenfinanzierte Rundfunkanstalt *Institut National de Radiodiffusion/Nationaal Instituut voor Radioomroep* (INR/NIR). Fleischman leitet von nun an deren Dienst für französischsprachige Sendungen. 1938 bezieht der Sender das neue Funkhaus am Flagey-Platz in der Brüsseler Stadtgemeinde Ixelles. Der funktionale Bau, der einem Ozeandampfer gleicht, gilt als eines der modernsten Funkhäuser seiner Zeit – mit insgesamt zwölf Aufnahmestudios, darunter der berühmte Sendesaal *Studio 4* mit seiner 8.000-Pfeifen-Orgel und hervorragender Akustik. Anfang 1940 wird die Angst vor einem deutschen Einmarsch in Belgien immer größer.

Der Brüsseler Rundfunk trifft Vorkehrungen, zerstört Sendeanlagen im Land und zieht sich in ein Behelfsstudio an einem geheimen Ort zurück. Am 10. Mai 1940 ist es dann so weit: Die Wehrmacht marschiert ins Königreich ein und prescht auf Brüssel vor. Per Erlass der deutschen Militärverwaltung wird am 28. Mai 1940 im Funkhaus am Flagey-Platz in der besetzten Hauptstadt der *Sender Brüssel* gegründet, Propaganda-Instrument des Naziregimes. Zahlreiche Beschäftigte des INR, darunter Techniker, Journalisten und Orchestermusiker, werden zur Mitarbeit gezwungen, was ihnen nach Kriegsende zum Verhängnis werden sollte. Am 14. Juni 1940 stellt das INR seinen Betrieb im „geheimen" Studio ein. Théo Fleischmann ist zu diesem Zeitpunkt bereits über Frankreich nach England geflohen. Dort erhält er gemeinsam mit einem flämischen Kollegen Sendezeit von der BBC. Die beiden starten 15-minütige Sendungen für ihre Landsleute in der besetzten Heimat, senden Lageberichte der alliierten Kräfte sowie Durchhalteparolen. Teile der belgischen Regierung befinden sich zu diesem Zeitpunkt ebenfalls in London im Exil. Am 13. Oktober 1942 gründen sie per Regierungserlass den „Belgischen Nationalen Rundfunk" (*Radiodiffusion Nationale Belge/Belgische Nationale Radioomroep*, kurz RNB/BNR) – Belgiens offizielle Stimme. Zunächst sendet der RNB auf BBC-Frequenzen. Im Mai 1943 ist Belgiens „Monstersender" in Kinshasa (zu der Zeit Leopoldstadt) in seiner Kolonie Kongo betriebsbereit. Der leistungsstarke Langwellensender kann in großen Teilen Europas, Amerikas und Afrikas empfangen und nicht so leicht von den Deutschen gestört werden.

Théo Fleischman richtet sich immer wieder in seiner Muttersprache an die belgische Bevölkerung. Ende 1943 spricht er in einem sechsminütigen Beitrag direkt die deutschen Soldaten in Belgien an und ganz gezielt denjenigen, der mit der Abhöre seiner abendlichen Sendung beauftragt ist: *„Ich hoffe, dass die Sendung gut war und dass du mich verstehen konntest. So kannst du morgen* *früh deine Mitschrift an deinen Vorgesetzten weitergeben. Du überreichst sie ihm zusammen mit meinem Andenken und meinen besten Wünschen. Meine Wünsche sollen zwischen dir und ihm geteilt werden, meine Wünsche für einen guten Tod ... Bonsoir, Boche!"* (herablassende Bezeichnung für Deutsche). Im Frühjahr 1945 kehrt Fleischman zurück nach Belgien und wird Direktor des Brüsseler Rundfunks INR, der in der unmittelbaren Nachkriegszeit aufgrund der Verstrickungen mit dem deutschen *Sender Brüssel* noch unter der Londoner Bezeichnung RNB fungiert.

Nach der Befreiung Belgiens im September 1944 hatte die Rundfunkanstalt nach und nach den regulären Betrieb wieder aufgenommen. Amateurfunker und Widerstandskämpfer hatten durch die geheime Mission *Samoyède* dafür gesorgt, dass acht Sender in ganz Belgien betriebsbereit sind, um das freie Programm in der nunmehr freien Heimat zu senden. Ganz nebenbei laufen im Sommer 1945 im französischen INR-Dienst die Vorbereitungen für die neue Sendung in deutscher Sprache. Redaktionsleiter Roger Clausse ist besorgt: Wo zum Teufel soll er nur einen deutschsprachigen Mitarbeiter herzaubern? Er greift zum Telefonhörer und wählt die Nummer von Carly Duchesne, dem Regierungsbeamten aus Malmedy, der sich für die Schaffung der Sendungen eingesetzt hatte. Er erzählt ihm von seinen Sorgen. Nur wenige Tage später, am 12. August 1945, erhält er Post von Duchesne. In diesem Brief schreibt der Regierungsmitarbeiter dem Redaktionsleiter: „*Bei einem kürzlichen Aufenthalt in Malmedy habe ich Herrn Bernhard Willems, Ehrenprofessor am Königlichen Athenäum, auf die zu vergebende Stelle angesprochen, von der Sie mir vor kurzem berichtet haben. Ich habe ihn gebeten, im Namen seiner Stieftochter, Frau Irene Vanhaeverbeke-Janetzky, eine Bewerbung*

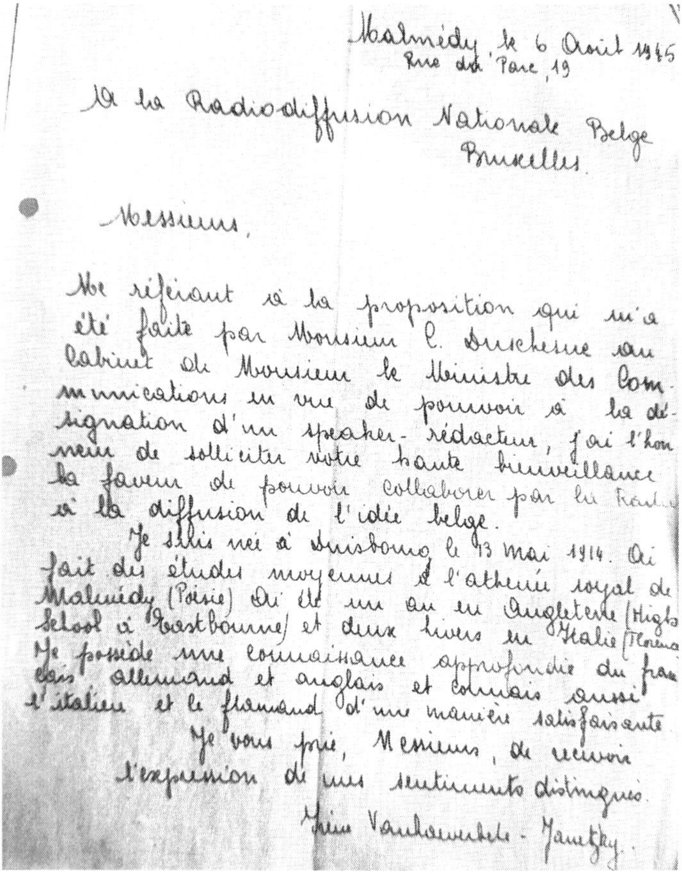

Malmédy, le 6 Août 1945
Rue du Parc, 19

A la Radiodiffusion Nationale Belge
Bruxelles.

Messieurs,

Me référant à la proposition qui m'a été faite par Monsieur L. Duchesne au Cabinet de Monsieur le Ministre des Communications en vue de pourvoir à la désignation d'un speaker-rédacteur, j'ai l'honneur de solliciter votre haute bienveillance la faveur de pouvoir collaborer par la radio à la diffusion de l'idée belge.

Je suis née à Duisbourg le 13 mai 1914. J'ai fait des études moyennes à l'athénée royal de Malmédy (Poésie). J'ai été un an en Angleterre (High School à Eastbourne) et deux hivers en Italie (Florence). Je possède une connaissance approfondie du français, allemand et anglais et connais aussi l'italien et le flamand d'une manière satisfaisante.

Je vous prie, Messieurs, de recevoir l'expression de mes sentiments distingués.

Irène Vanhouwenhele - Janetzky.

Der Anfang einer Pionierlaufbahn: Irene Janetzkys handgeschriebene Bewerbung vom 6. August 1945 – der erste Schritt ihrer erfolgreichen Karriere beim Rundfunk.

Quelle: Archivbestand RTB (RTB IEF) (1928-1985), Nr. 4992, Generalstaatsarchiv Brüssel

an Sie zu richten." Weiter führt er die sprachlichen Qualitäten von Irene Janetzky an, unterstreicht ihren Enthusiasmus und dass er keinerlei Zweifel an ihrem staatsbürgerlichen Pflichtgefühl hegt.

Duchesne lässt durchblicken, dass er Janetzky für die beste Wahl im Rahmen der zu besetzenden Stelle hält: *„Sehen Sie: Auf diese Weise konnte ich Ihnen helfen, ohne dass die Nachricht überall veröffentlicht werden muss.“* Der Kontakt zwischen Janetzky und Duchesne kam zufällig zustande. Aus seiner schulischen Laufbahn in Malmedy kannte der Regierungsbeamte Professor Bernhard Willems. Der wiederum stand nach Kriegsende in Verbindung mit Henri Hoen und den belgischen Behörden, weil er das Erdgeschoss seines Hauses in der Parkstraße in Malmedy (heute *Rue de l'Abbé Peters*) dem Staat zur Verfügung gestellt hatte, der dort den medizinischen *Dienst für Kind und Familie* einrichtete. Während des Krieges hatte das nationalsozialistische Regime besagtes Haus besetzt und dort eine Außenstelle des Reichsgesundheitsamts untergebracht. So kam es im Sommer 1945 zum Gespräch zwischen Willems und Duchesne. Ersterer brachte dabei seine Stieftochter ins Spiel. Nachdem Carly Duchesne das Empfehlungsschreiben an den Rundfunk verfasst hatte, unterrichtete er Bernhard Willems darüber – ebenfalls per Schreiben vom 12. August 1945: *„Sehr geehrter Herr Willems, nach unserem Gespräch während meines letzten Aufenthalts bei Ihnen habe ich die Ehre, Ihnen mitzuteilen, dass die Bewerbung Ihrer Stieftochter Irene als Sprecherin des RNB sehr wohl zutreffend ist. Ich habe sie den Herren Direktoren der Organisation empfohlen, weil sie mehrere Sprachen beherrscht und bereit ist, an der Belgien-Förderung („belgicisation“) mitzuwirken, die mir persönlich am Herzen liegt.“*

Irene Janetzky muss schon früh ihren Mann stehen. Das Bewerbungsschreiben verfasst sie selbst – handgeschrieben – und richtet es am 6. August 1945 an den Belgischen Nationalen Rundfunk. Janetzky ist zu diesem Zeitpunkt frisch getrennt von ihrem Ehemann François Vanhaeverbeke. Mit ihren beiden Söhnen Guy (10 Jahre alt) und Luc (7) lebt sie bei ihrem Stiefvater Bernhard

Willems im Obergeschoss des Hauses in der Parkstraße in Malmedy. In ihrem Bewerbungsschreiben kommt sie direkt zum Punkt: *„Meine Herren, unter Bezugnahme auf den Vorschlag, der mir von Herrn C. Duchesne im Kabinett des Ministers für Kommunikation unterbreitet wurde, habe ich die Ehre, Ihr Wohlwollen zu erbitten, um die Stelle des Sprechers/Redakteurs zu besetzen und um über das Radio an der Verbreitung der belgischen Idee mitzuwirken."* Die sprachbegabte Janetzky führt anschließend aus: *„Ich wurde am 13. Mai 1914 in Duisburg geboren. Habe eine mittlere Schulbildung am Königlichen Athenäum in Malmedy absolviert (Poesie). War in England und zwei Winter in Italien. Ich habe gründliche Kenntnisse in Französisch, Deutsch und Englisch und verfüge auch über zufriedenstellende Kenntnisse in Italienisch und Flämisch."* Nach eigenen Angaben setzte sich Irene Janetzky Anfang September 1945 in einem Auswahlverfahren beim Rundfunk gegen drei männliche Mitbewerber aus Flandern durch. In einem BRF-Interview erklärte sie 1985 dazu: *„Es war ja sehr schwer, gerade nach dem Krieg, mit der deutschen Sprache anzufangen. Und da habe ich mir eigentlich im Stillen immer gedacht: Ob die doch nicht vielleicht eine Frau gewählt haben wegen der Stimme. Weil es immer Männer waren, die zur Zeit der deutschen Besatzung die Nachrichten machten."* Janetzkys *goldene Stimme* hat ihr von Anfang an geholfen. Sohn Guy erinnert sich noch gut an das Auswahlverfahren 1945: *„Ich war sehr stolz als junger Bub. Ich erfuhr, dass die Jury besonders die goldene Stimme meiner Mama lobte. Diese goldene Stimme ist all die Jahre geblieben und war ein Kennzeichen der Sendung."*

Roger Clausse, Leiter der französischsprachigen Redaktion des RNB, kann am 24. September 1945 Vollzug melden. In einer Dienstnote an seinen Vorgesetzten, Rundfunkdirektor Fleischman, schreibt er: *„Die Sendungen in deutscher Sprache für die* *cantons rédimés starten am 1. Oktober – von 18.30 bis 19 Uhr. Die Sendung wird täglich – außer sonntags – ausgestrahlt. Hierzu benötigen wir noch eine Ersatzkraft. Der Sprecher/Redakteur der Sendung ist Frau Irene Vanhaeverbeke-Janetzky. Der Französischkurs startet in ein bis zwei Wochen, sobald die Sendung sich in den Kantonen Eupen und Malmedy etabliert hat.*" Handschriftlich fügt Fleischman hinzu: „*Gelesen. Sich bemühen, auch am Sonntag zu senden. TF.*" Wenige Tage später tritt Irene Janetzky ihren Dienst im Brüsseler Rundfunk an. Erst am 4. Oktober 1945, als die Sendung in deutscher Sprache bereits seit drei Tagen läuft, verfasst Rundfunkdirektor Fleischman den Arbeitsvertrag für Janetzky. Bemerkenswert ist, dass der Vertrag und das dazugehörige Schreiben nicht an die neue Mitarbeiterin adressiert ist, sondern an ihren Stiefvater Bernhard Willems. Aus gutem Grund: Irene Janetzky lebte getrennt von ihrem Ehemann François Vanhaeverbeke. Verheiratete Frauen durften nicht ohne Einwilligung ihres Mannes einer bezahlten Arbeit nachgehen. Die „eheliche Macht" wurde erst 1958 per Gesetz abgeschafft. Wahlrecht hatten Frauen in Belgien zu diesem Zeitpunkt auch noch nicht, das wurde erst 1948 eingeführt. So kam es, dass Stiefvater Willems den Arbeitsvertrag gemeinsam mit Janetzky unterschrieb. Interessant ist auch ein Zusatz im Kleingedruckten: „*Die Einstellung verleiht keinerlei Rechte für die Zukunft.*" Was genau damit gemeint war, erklärte Janetzky 1985 im BRF-Interview: „*Als ich 1945 zum Sender stieß, war die Rede davon, dass die Sendung nur fünf Jahre dauern sollte.*"

Der unerwartete Werdegang

Als Irene Janetzky am 13. Mai 1914 in Duisburg geboren wird, ist die Welt noch in Ordnung – zumindest augenscheinlich. Der aus Ratibor in Schlesien stammende Vater Heinrich Janetzky arbeitet als Maschinenbauingenieur im größten Binnenhafen der Welt, der vor allem wegen seiner vielen Getreidemühlen und Speichergebäude als *„Brotkorb des Ruhrgebiets"* gilt und die rasant wachsende Bevölkerung im Revier versorgt. Mutter Katharina Petry stammt aus der rheinhessischen Kleinstadt Bingen am Rhein (heute Rheinland-Pfalz). Die Frischvermählten leben gemeinsam in der Industriemetropole an Ruhr und Rhein und genießen ihr junges Familienglück. Die Stimmung in Deutschland ist gut: Die öffentlichen Plätze und Straßen sind voller Menschen, die jubeln und das deutsche Vaterland beschwören. Das gesamte Land ist regelrecht im Kriegsfieber und freut sich über das, was nach dem Attentat von Sarajevo am 28. Juni 1914 kommt. Einen Monat, nachdem der österreichische Thronfolger Franz Ferdinand und seine Gemahlin ermordet wurden, erklärt Österreich-Ungarn Serbien den Krieg. Im Deutschen Reich herrscht Hochstimmung. Die Interessenlagen der Großmächte und die deutschen militärischen Planungen lassen den Lokalkrieg Anfang August 1914 innerhalb von nur wenigen Tagen zum Weltkrieg eskalieren.

Zu Kriegsbeginn folgt der Einberufungsbefehl: Vater Heinrich wird zu den Waffen gerufen und zieht im kollektiven Glauben an einen schnellen Sieg an die Westfront. Doch die Hoffnung weicht der Ernüchterung. Schon wenige Wochen nach seiner Einberufung lässt Janetzky alle Hoffnung fahren: Kurz vor der belgischen Küste gibt es kein Vorwärtskommen mehr, die Kämpfe sind hart und es sterben unzählige Soldaten. Auch Heinrich Janetzky muss in den letzten Septembertagen 1914 sein Leben lassen – im Kugelhagel einer belgischen Artillerieeinheit. *„Gefallen an der Westfront"* lautet der Eintrag zu Heinrich Janetzky in den Verlustlisten der deutschen Armee. Wie viele andere trauert die junge Mutter Katharina Janetzky-Petry mit ihrer viermonatigen Tochter nun um ihren geliebten Ehemann – gestorben in den ersten Kampfhandlungen eines ebenso erbitterten wie sinnlosen Kriegs, der sich innerhalb weniger Monate zu einem endlosen Stellungskrieg entwickeln würde. Die Kriegerwitwe und die kleine Irene verlassen Duisburg und ziehen noch im ersten Kriegswinter zu den Großeltern nach Bingen am Rhein.

Zur selben Zeit ist Bernhard Willems als königlicher Oberlehrer in Trier angestellt. Willems stammt aus Elsenborn (preußische Kreise Eupen-Malmedy). Nach der Volksschule in seinem Heimatdorf legt er sein Abitur in Neuss und Düsseldorf ab. Anschließend studiert er Sprachwissenschaften an den Universitäten Münster und Berlin, bevor er schließlich 1908 im Alter von 28 Jahren an der berühmten Albertus-Universität in Königsberg (heute Kaliningrad) zum Doktor der Philosophie promoviert. Es folgen Lehraufträge in Köln, Sigmaringen, Mönchengladbach, Linz am Rhein, Emmerich und Brühl, ehe es zur Festanstellung als Oberlehrer in Trier kommt. Im Sommer 1915 ist Willems mit der Eisenbahn auf der Moselstrecke Richtung Koblenz unterwegs, als ihm plötzlich eine bildhübsche Frau in seinem Waggon auffällt. Der ambitionierte Lehrer und die junge Rheinländerin kommen ins Gespräch und führen im weiteren Verlauf der Strecke eine angeregte Unterhaltung. Laut Familienerzählungen soll Willems die Gunst der Stunde und einen der vielen Eisenbahntunnel entlang der Mosel genutzt haben, um die vier Jahre jüngere Katharina Petry zu küssen – es war Liebe auf den ersten Blick. Katharina und Tochter Irene ziehen zu Bernhard Willems nach Trier. Am 15. April 1916 wird in der Römerstadt geheiratet. Dort erlebt das Trio den Ersten Weltkrieg und die Novemberrevolution von 1918/19, die zum Sturz der Monarchie im Deutschen Reich führt. Durch den Versailler Vertrag wird Eupen-Malmedy nach Kriegsende an Belgien abgetreten. Bernhard Willems entschließt sich, 1920 mit seiner Familie in seine alte Heimat zurückzukehren. In Malmedy eröffnen die Belgier eine weiterführende Schule und es werden händeringend deutschsprachige Lehrer gesucht. Willems lässt sich aus dem preußischen Schuldienst entlassen und tritt in die belgische Verwaltung ein. Am Athenäum in Malmedy unterrichtet er die Fächer Deutsch und Latein und kümmert sich auch darum, geeignete Lehrbücher zu beschaffen. Zum Lehrerkollegium gehören die beiden Linguisten und Historiker Abbé Joseph Bastin und Abbé Charles Dubois, für die der 40-jährige Willems große Bewunderung hegt. Gemeinsam geben sie die zweisprachige Zeitschrift *Folklore* heraus, die in interessierten Kreisen sowohl in Belgien als auch in Deutschland Beachtung findet. In dieser Zeitschrift schreibt Willems Anfang der 1920er Jahre seine erste geschichtliche Abhandlung über das Hohe Venn. Später sollte er zum Nestor der Heimatgeschichte werden und unter anderem eine sechsbändige *Ostbelgische Chronik* hinterlassen.

Irene Janetzky ist inzwischen sechs Jahre alt und Stiefvater Willems so richtig ans Herz gewachsen. Er behandelt sie, als wäre sie sein eigenes Kind. Er bringt ihr die ersten Wörter auf Französisch bei, ehe sie im September 1920 in Malmedy eingeschult wird. Irene lernt schnell, hat ein besonderes Talent für Sprachen. Willems fördert sie, wo er nur kann. Am 28. Oktober 1923 wird in Malmedy ein großes Fest zu Ehren von Generalleutnant Baron Herman Baltia gegeben. Die gesamte Stadt steht kopf: Abordnungen aller Vereinigungen aus den neubelgischen Ostkantonen kommen in die Warche-Stadt, um die aus Sicht der Behörden gelungene Integration ins neue Vaterland gebührend zu feiern und gemeinsam durch die Straßen zu defilieren. Die neunjährige Irene gehört zu einer Handvoll Schülern, die auserwählt wurden, um den Hohen Kommissar und General-Gouverneur Baltia zu begrüßen und ihm ein Gedicht vorzutragen.

Generalleutnant Baron Herman Baltia

Herman Baltia wird am 1. September 1863 in der Brüsseler Stadtgemeinde Saint-Josse-ten-Noode geboren. Nach dem Ersten Weltkrieg übernimmt er eine bedeutende Rolle in der belgischen Geschichte: Er ist dafür verantwortlich, die ehemals preußischen Kreise Eupen und Malmedy – heute bekannt als Ostbelgien – in den belgischen Staat einzugliedern. Als Hoher Kommissar und Gouverneur verfügt er über fast uneingeschränkte Vollmachten. Seine Arbeit legt den Grundstein für die politische und gesellschaftliche Entwicklung der Ostkantone.

Baltia stammt aus einer Familie mit internationalem Hintergrund – sein Vater war General und hatte luxemburgische Wurzeln, seine Mutter war Deutsche. Nach einem Politikstudium in Lüttich besucht er zwei angesehene Militärschulen und schlägt eine Laufbahn beim belgischen Militär ein. 1885 wird er zum Unterleutnant ernannt und später in die Kriegsakademie aufgenommen. Vor dem Ersten Weltkrieg arbeitet er im belgischen Kolonialdienst. Im Krieg steigt er rasch auf, wird mehrfach ausgezeichnet und 1919 zum Generalleutnant befördert.

Am 22. Oktober 1919 wird Baltia Gouverneur des neuen Gebiets Eupen-Malmedy-St. Vith. Belgien hatte dieses Gebiet durch den Versailler Vertrag zugesprochen bekommen. Baltia ist nun dafür verantwortlich, es schrittweise in den belgischen Staat einzugliedern. Dazu gehört die Einführung belgischer Gesetze, die Anpassung des Schul- und Gerichtssystems und der Aufbau einer neuen Verwaltung. Außerdem muss er eine sogenannte „öffentliche Meinungsäußerung" organisieren – eine Art Volksbefragung zur Angliederung an Belgien. Dieses Verfahren wird später stark kritisiert, weil es nicht geheim war und viele sich deshalb nicht trauten, ihre Ablehnung zu zeigen.

Baltias Rolle ist nicht unumstritten: Er regiert mit starker Hand, führt Zensur ein und versucht, belgische Strukturen durchzusetzen – was manche als Versuch der „*Belgisierung*" empfinden. Ein Brief des damaligen Premierministers Léon Delacroix unterstreicht diese Haltung: Baltia solle dafür sorgen, dass alles reibungslos laufe und die Kosten gering blieben, und er werde „*wie ein Kolonialgouverneur*" handeln – ein Satz, der sich tief ins Gedächtnis der Bevölkerung eingebrannt hat.

Trotz der Kritik muss betont werden, dass Baltia viele Herausforderungen mit großem Organisationstalent angeht. Er versteht die Sprache und Kultur der Menschen vor Ort und schafft Strukturen, die Stabilität in einer Übergangszeit sichern. Nach dem Ende seiner Amtszeit 1925 werden viele Besonderheiten des Gebiets von der belgischen Regierung nicht weiter berücksichtigt – was später oft als Fehler gesehen wird.

Herman Baltia stirbt am 16. September 1938 im Brüsseler Stadtteil Saint-Gilles. Er bleibt eine zentrale Figur in der Geschichte Ostbelgiens – ein Mann, der mit harter Hand, aber auch mit Weitblick eine Region prägte, die bis heute ihre eigene Identität bewahrt hat.

Bernhard Willems und seine Frau Katharina legen großen Wert auf Bildung und Erziehung: Sie wollen Irene von klein auf die bestmögliche Ausbildung bieten und lassen sie Ende der 1920er Jahre zu einer weltoffenen und begeisterungsfähigen jungen Frau heranwachsen; bringen ihr Literatur, Kunst und Musik näher. Nach dem erfolgreichen Abschluss des Poesie-Jahres in Malmedy (fünftes Sekundarschuljahr), schicken sie Irene Janetzky nach England – auf eine High School im Seebad Eastbourne am Ärmelkanal, südlich von London. Die Stadt hat nicht nur ein gutes Klima – die Briten nennen den Ort liebevoll *„God's waiting room"* (Gottes Wartezimmer), weil hier viele Senioren aus dem Norden Großbritanniens ihren Lebensabend verbringen –, sondern ist bis heute bei Sprachtouristen aus der ganzen Welt beliebt, weil die Einwohner eine dem Oxford-Englisch nahe kommende Mundart sprechen. Irene genießt ihren Aufenthalt auf der britischen Insel in vollen Zügen und saugt die perfekte englische Aussprache förmlich auf, was ihr in ihrem späteren Leben noch oftmals sehr hilfreich sein wird. Doch dabei belässt Familie Willems-Janetzky es nicht: Tochter Irene wird im Anschluss zu Beginn der 1930er Jahre zwei ganze Winter bei einer Gastfamilie in Florenz verbringen, um die italienische Sprache und Kultur zu studieren. In der Toskana lernt sie die zahlreichen Kunst- und Architekturmeisterwerke der Renaissance kennen.

Nach ihrer Rückkehr nach Malmedy verliebt sich die inzwischen erwachsene Irene, die dem Vernehmen nach die Schönheit ihrer Mutter geerbt hat, in einen Gendarmerie-Leutnant. François Vanhaeverbeke aus Tienen in Flämisch-Brabant gehört Anfang der 1930er Jahre zur berittenen Staffel und ist in Janetzkys Wohnort Malmedy stationiert. Auf einem sonntäglichen Freizeitausritt durch Malmedy fällt ihm die hübsche junge Dame ins Auge. Er spricht sie an und lädt sie zu einem gemeinsamen Ausritt ins

Hohe Venn ein. Der Funke springt schnell über, die beiden werden ein Paar. Wenig später wird Vanhaeverbeke zum Distriktleiter der Gendarmerie-Einheit von Tienen befördert. 1933 heiratet er Irene und gemeinsam beziehen sie eine Dienstwohnung in der belgischen Kleinstadt Tienen, wenige Kilometer östlich der altehrwürdigen Universitätsstadt Löwen. 1935 kommt Sohn Guy zur Welt, 1938 folgt mit Luc ein zweites Kind. Doch François Vanhaeverbeke und Irene Janetzky führen keine glückliche Ehe, sie streiten oft und sind selten einer Meinung.

Von Amts wegen gehört Gendarmerie-Leutnant und Distriktleiter Vanhaeverbeke im Kriegsfall zu einer Reserveeinheit der belgischen Streitkräfte – die 17. Infanteriedivision. Ihm kommt dabei die Rolle des Profos' zu, eines Militärpolizisten, der mögliche Vergehen von Soldaten aus seiner Einheit aufdecken und nach Fahnenflüchtigen suchen muss. Seit dem Überfall von Nazi-Deutschland auf Polen im September 1939 wird Vanhaeverbekes Einheit mehrmals in Alarmbereitschafft versetzt. Am 10. Mai 1940 tritt dann der Ernstfall ein: Deutsche Truppen übertreten die belgische Grenze, für Belgien beginnt damit der Zweite Weltkrieg. Am 28. Mai 1940 kapituliert das Königreich, die Nazi-Truppen besetzen das Land. Nur wenige Tage später werden bestimmte Kriegsgefangene der ersten Stunde wieder freigelassen. Dazu zählt auch Gendarm François Vanhaeverbeke. Seine Kollegen und er werden jetzt von den Nazis für verwaltungspolizeiliche Aufgaben im besetzten Belgien eingesetzt.

Vanhaeverbeke wird krank und arbeitsunfähig; die Dienstwohnung in Tienen muss die Familie daraufhin räumen. Noch im Herbst 1940 ziehen Vater François, Mutter Irene und ihre beiden Söhne Guy und Luc in den kleinen Löwener Vorort Korbeek-Lo. Das Verhältnis zwischen den Eltern verschlechtert sich zusehends: *„Ich* *selbst fühlte mich als Kind nicht Teil dieses Haushalts. Während der deutschen Besatzung spürte ich, dass in der Familie etwas nicht in Ordnung war und mir gefiel nicht, wie mein Vater in dieser Zeit mit der Situation umging. Es hat mich später keineswegs überrascht zu erfahren, dass die beiden sich trennen*", erinnert sich Guy Vanhaeverbeke an seine Kindheit im besetzten Land. Auch er hatte ein schwieriges Verhältnis zu seinem Vater: „*Ich hatte nie eine irgendwie geartete liebevolle Beziehung zu meinem Vater.*" Das elterliche Verhältnis ist so sehr zerrüttet, dass Irene Janetzky ihre beiden Söhne zu Kriegsbeginn mehrere Monate lang in die Obhut ihrer eigenen Mutter und ihres Stiefvaters Bernhard Willems in die Ostkantone gibt. Willems war zu Kriegsbeginn auf den elterlichen Bauernhof nach Elsenborn gezogen, weil die Nazis sein Haus in der Parkstraße in Malmedy beschlagnahmt und dort eine örtliche Außendienststelle des Reichsgesundheitsamts eingerichtet hatten. Später kommen Guy und sein jüngerer Bruder Luc zurück ins Elternhaus nach Korbeek-Lo. Ab dem dritten Schuljahr besucht der ältere Bruder die katholische Dreifaltigkeitsschule auf dem Alten Markt in Löwen, die von Patern des Josephiten-Ordens geführt wird. Guy fährt wahlweise mit der Straßenbahn zur Schule – wegen möglicher Luftangriffe ist die Linie 3 aber regelmäßig gesperrt – oder legt die sechs Kilometer lange Strecke mit dem Fahrrad zurück. Seine Mutter schmeißt den Haushalt und schaltet immer wieder die englischsprachige BBC ein, die man im Großraum Löwen problemlos empfangen konnte. Das war in der Zeit der Nazi-Besatzung zwar strengstens verboten, Irene Janetzky wollte sich aber über den Vormarsch der alliierten Kräfte informieren und dafür sorgen, dass ihr hervorragendes Englisch nicht einrostet.

Nach Kriegsende wird Vater François Vanhaeverbeke in den Ruhestand versetzt. Er zieht zurück nach Tienen. Irene Janetzky fasst den schweren Entschluss und trennt sich nach zwölf Jahren unglücklicher Ehe von ihrem Mann. Absolut unüblich für diese Zeit: Janetzky beantragt sogar die Scheidung. In den Nachkriegsjahren werden in Belgien weniger als fünf Prozent aller Ehen geschieden. Irene Janetzky zieht im Sommer 1945 mit ihren Söhnen übergangsweise zu ihrer Mutter und zum Stiefvater, den die Kinder *„Opa Willems"* nennen, nach Malmedy. Bernhard Willems steht nach dem Ende des Zweiten Weltkriegs mit den belgischen Behörden in Kontakt. Unter anderem Regierungsmitarbeiter Carly Duchesne sowie dem beigeordneten Bezirkskommissar Henri Hoen hatte er das Erdgeschoss seines unbeschädigten Hauses angeboten, um dort Verwaltungsdienste unterzubringen, während er selbst und seine Familie die Wohnung im ersten und zweiten Stock bezogen. Bei diesen Gesprächen erfährt er beiläufig von den Plänen der Regierung, eine Rundfunksendung in deutscher Sprache ins Leben rufen zu wollen sowie von der vakanten Sprecher-Stelle. Er denkt sofort an seine Stieftochter und bringt die sprachbegabte Irene Janetzky, die auf der Suche nach einer bezahlten Arbeit war, ins Spiel. Willems ist inzwischen 65 Jahre alt und seit dem deutschen Einmarsch 1940 Lehrer im Ruhestand. Die Kriegsjahre hat er dazu genutzt, historische Recherchen über seine Heimat anzustellen, jetzt kann er loslegen und die ersten Zeilen seiner regionalen Chronik verfassen.

Aller Anfang ist schwer

Einen Schreibtisch, etwas Papier und einen Füllfederhalter – mehr hat Irene Janetzky nicht beim Dienstantritt in Brüssel Ende September 1945. Immerhin: Wie Nachrichten im Radio zu klingen haben, davon hat sie eine ziemlich genaue Vorstellung; schließlich hatte sie während des Kriegs den BBC-Journalisten aus London stundenlang zugehört. Erfahrung als Redakteurin oder Sprecherin hat sie keine. Irene Janetzky muss sich alles in Windeseile aneignen. *„Débrouillez-vous"* („Sehen Sie zu, dass Sie fertig werden"), hatte Rundfunkdirektor Théo Fleischman seiner jungen Mitarbeiterin aus den Ostkantonen als geflügeltes Wort zum Sendestart mit auf den Weg gegeben. Irene Janetzky ist wissensgierig und lernwillig. Durch ihre offene und sympathische Art, aber auch wegen ihres ausgeprägten Sprachtalents macht die 31-Jährige schnell Bekanntschaft mit allen Kollegen in der französischen Redaktion des Nationalen Rundfunks INR. Sie baut sich rasch ein solides Netzwerk auf. Irene Janetzky fällt auf, denn 1945 gibt es so gut wie keine Frauen beim Brüsseler Rundfunk. Und schon gar keine, die Deutsch spricht. Sie ist fleißig, schaut sich die Meldungen und Beiträge ihrer Journalistenkollegen genauestens an, fasst zusammen und übersetzt ins Deutsche. Voller Bewunderung schauen viele Redaktionskollegen zu und verpassen ihr den Kosenamen *„notre petite Irène"* („unsere kleine Irene").

Frisch von ihrem (Noch-)Ehemann getrennt, bezieht die zweifache Mutter eine kleine Parterrewohnung in der Juliette-Wytsman-Straße im Brüsseler Stadtteil Ixelles. Gut zehn Gehminuten sind es bis zum Funkhaus. Gerade in der Anfangszeit sind die Arbeitstage lang und intensiv. Mutter Katharina Petry und Stiefvater Bernhard Willems fassen den Entschluss, ebenfalls nach Brüssel zu ziehen, um Irene unter die Arme zu greifen und den beiden heranwachsenden Jungs einen geregelten Alltag zu ermöglichen. *Opa Willems* und *Oma Käthchen* beziehen eine Wohnung gleich um die Ecke – keine hundert Meter entfernt – in der Augustin-Delporte-Straße. Nach getaner Kinderbetreuung widmet sich der eifrige Pensionär nun voll und ganz seiner Schreibarbeit, die er während des Kriegs begonnen hatte. Der erste Band seiner *Ostbelgischen Chronik* erscheint 1948 in Brüssel. Doch Willems verfasst nicht nur historische Schriften, er steht Irene Janetzky auch mit Rat und Tat zur Seite. Er lobt sie, spricht ihr Mut zu, tauscht sich mit ihr aus, gibt ihr Tipps und steuert als Autor sogar sporadisch geschichtliche Beiträge zur Sendung bei.

Unterdessen erreichen nur wenige Tage nach Sendestart erste schlechte Neuigkeiten das Brüsseler Funkhaus: Die *Sendung in deutscher Sprache* ist in weiten Teilen der Ostkantone kaum zu hören – die Leistung des Senders Lüttich auf Mittelwelle 263 zu schwach, die Empfangsqualität in Eupen, Malmedy und St. Vith folglich sehr schlecht. Irene Janetzky hatte sich gleich nach ihren ersten Sendungen bei Bekannten in den Ostkantonen erkundigt und alle mussten ihr die traurige Nachricht überbringen, dass das Programm nur sehr schlecht zu empfangen ist. Auch der Regierungsbeamte Carly Duchesne aus Malmedy weiß bereits von den Empfangsschwierigkeiten in seiner Heimat und sucht den Kontakt mit den Rundfunkverantwortlichen. In einer internen Note an Generaldirektor Théo Fleischman hält der Leiter des französischen Programms, Roger Clausse, am 22. Oktober 1945 fest: *„Laut Auskünften von Herrn Duchesne und Frau Vanhaeverbeke-Janetzky (...) werden die Sendungen, die den Ostkantonen vorbehalten sind, in der Region kaum oder nur schlecht gehört. Diese Situation führt dazu, dass wir die Bemühungen, die wir zugunsten der Ostkantone unternehmen, verlieren. Solange diese Situation nicht behoben wird, ist es mir untersagt, den Französischkurs, der eine*

Fortsetzung darstellt und ab der ersten Lektion verfolgt werden muss, ins Programm aufzunehmen." Weiter fragt sich Clausse, ob man die Sendung nicht auf einem anderen wallonischen INR-Sender mit mehr Sendeleistung ausstrahlen könnte. Noch am selben Tag antwortet Rundfunkdirektor Fleischman, dass der Sendebetrieb belgienweit gestört ist. Die Technikabteilung arbeite daran, die Sendeleistung zu verbessern. Doch solange die Versuche nicht abgeschlossen seien, könne an der derzeitigen Situation leider nichts geändert werden.

Unter dem Titel „*Für die Rundfunkhörer*" erscheint am 23. November 1945 ein kleiner Artikel in der Tageszeitung GrenzEcho. Darin wird erklärt, dass der Rundfunk Klagen wegen des schlechten Empfangs auf Welle 263 erhalten habe. Versuchsweise soll von jetzt an Welle 233 genutzt werden. Wörtlich heißt es: „*Wir bitten die Hörer, Mitteilungen über besseren Empfang auf der neuen Welle 233 oder sonstige zweckdienliche Mitteilungen an die Stadtverwaltung richten zu wollen.*" Die Frequenz wird testweise geändert, doch die Empfangsqualität in den Ostkantonen bleibt unverändert schlecht. Knapp zehn Wochen nach Sendestart sieht sich Carly Duchesne genötigt, die Aufsichtsgremien des Rundfunks zu informieren. In einem Schreiben vom 12. Dezember 1945 an den Verwaltungsrat des INR heißt es: „*Eine Umfrage, die ich durchgeführt habe, und Gespräche mit unseren Landsleuten im Osten (...) ergaben, dass die Sendeleistung der deutschsprachigen Sendungen (...) zweifellos unzureichend ist.*" Laut Duchesne werde der Sendetermin zwischen 18.30 und 19 Uhr in den Ostkantonen dagegen allgemein begrüßt. Erst im Oktober 1946 – gut ein Jahr nachdem das Programm erstmals in den Äther gegangen war – sorgt das INR für Besserung. In einer in Deutsch verfassten Pressemitteilung teilt der Rundfunk mit: „*Die bisherigen Sendungen in deutscher Sprache, die über den Lütticher Lokalsender geleitet wurden, waren in Ostbelgien kaum hörbar. Sie werden darum über den neuen Sender von Marche-en-Famenne geleitet. Diese neuen Sendungen beginnen Montag, den 14. Oktober, und zwar abends um 6 Uhr 30 auf Wellenlänge 345,6 Meter."* Interessant ist das Begleitschreiben vom 9. Oktober 1946 an die Redaktion der Tageszeitung Grenz-Echo. Darin bittet der Direktor des INR-Pressediensts: *„Sie wollen anliegende Notiz betreffend die Sendungen in deutscher Sprache gefälligst in Ihrer Zeitung ‚Grenz Echo' abdrucken. Mit bestem Danke und vorzüglicher Hochachtung."*

Irene Janetzky hat sich schnell und gut eingelebt. Im Kreise ihrer Kollegen genießt sie einen ausgezeichneten Ruf, gilt als gewissenhaft und zugleich zum Scherzen aufgelegt. Sie hat sich viel Wissen und Fertigkeiten angeeignet. Das Tippen auf der Schreibmaschine – mehr schlecht als recht gemessen an den zahlreichen Tippfehlern und Korrekturen in den Schriftstücken, die sie hinterlassen hat – musste sie sich wie vieles andere selbst beibringen. Eine Schreibkraft für die *Sendung in deutscher Sprache* gibt es nicht. Irene Janetzky ist allein auf weiter Flur. Im April 1946 fällt sie erstmals krankheitsbedingt aus – für mehrere Tage. Wie aus einem Genesungstelegramm ihrer Redaktionskollegen vom 16. April 1946 hervorgeht, ist ein INR-Kollege mit Deutschkenntnissen, ein gewisser Herr Craps, eingesprungen und *„scheint eine gute Sendung gemacht zu haben. Nicht, dass er die Stelleninhaberin vergessen machen konnte (davon kann keine Rede sein), aber er hat sich zu helfen gewusst. Er ersetzt Sie ohne größere Katastrophe, mehr nicht. (...) Mit den besten Wünschen und Freundlichkeiten aller Art. Die Redaktion."* Der ironische Unterton des Telegramms lässt auf ein humorvolles Verhältnis innerhalb der Kollegenschaft schließen. Die krankheitsbedingte Abwesenheit von Irene Janetzky hat den Redaktionsverantwortlichen beim INR jedenfalls gezeigt, dass Handlungsbedarf in Sachen Stellvertretungsregelung besteht – so wie bei der Schaffung der Sendung ursprünglich angedacht. Schnell konnte eine Anwärterin gefunden werden: Die 1910 in Wuppertal geborene Alice Freudenberger, besser bekannt unter dem Familiennamen ihres Ehemanns Kurt Grünebaum. Das Journalisten-Paar war 1933 aufgrund seiner jüdischen Abstammung von Deutschland nach Brüssel geflohen und bis zum Ende des Zweiten Weltkriegs staatenlos. Nach seiner Rückkehr aus der Kriegsgefangenschaft nahm Grünebaum 1945 seine Tätigkeit als Brüssel-Korrespondent der Tageszeitung GrenzEcho wieder auf. Seine Frau Alice hatte ebenfalls journalistisches Talent und suchte den Kontakt zu Irene Janetzky. Ende 1946 tritt sie erstmals für das INR in Erscheinung und ist Irene Janetzkys Urlaubsvertretung bei Redaktion und Moderation der *Sendung in deutscher Sprache*. Aus sporadischen Einsätzen wurden im Laufe der Jahre regelmäßigere Dienste: Alice Grünebaum sollte den BRF-Hörern bis 1986 erhalten bleiben – von Politik über Kultur bis zu einer eigenen Frauensendung hat sie fast alle Bereiche für den Belgischen Rundfunk abgedeckt.

Ende 1946 kann man Janetzkys Sendung in den Ostkantonen endlich gut empfangen. Das Programm und seine Redakteurin kommen zu diesem Zeitpunkt so richtig in Fahrt. Neben den täglichen Rubriken wie Nachrichten, Hintergrundbeiträgen, Musik und Französischkurs kommt Irene Janetzky ein ebenso einfacher wie genialer Einfall: Sie führt Hörergrüße ein und erhält fortan bergeweise Post. Zeitweise mehr als 50 Briefe pro Tag. Oft wollen Hörer Verwandte und Bekannte zum Geburtstag grüßen oder sie bedanken sich einfach nur. Frau Pfeiffer aus Büllingen schreibt am 15. März 1947: *„Liebe Rundfunksprecherin! Mit großer Freude hören wir jeden Abend Ihre schönen Sendungen für uns Bewohner der Ostkantone. Wir sind froh, dass auch wir teilnehmen können an dem Leben der Ostkantone Belgiens und der ganzen*

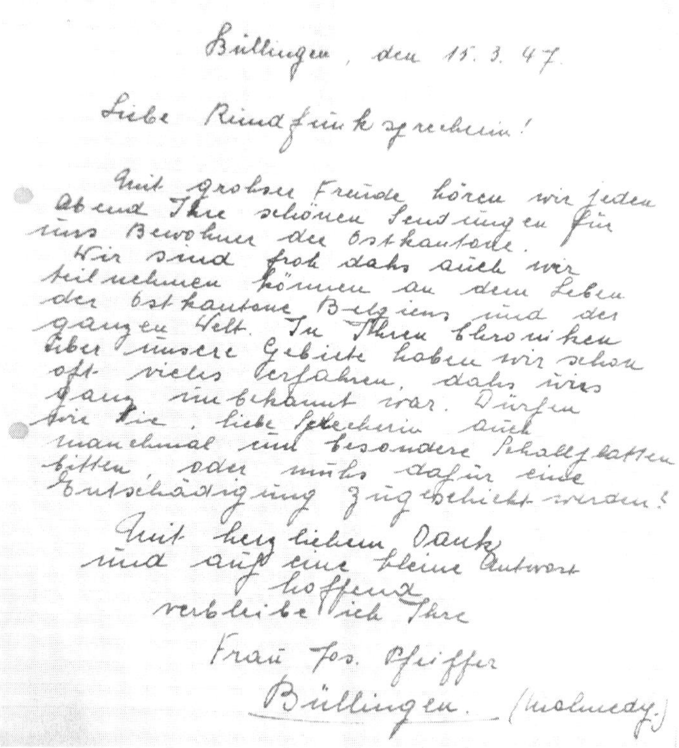
Büllingen, den 15. 3. 47.

Liebe Rundfunksprecherin!

Mit großer Freude hören wir jeden Abend Ihre schönen Sendungen für uns Bewohner der Ostkantone.
Wir sind froh daß auch wir teilnehmen können an dem Leben der Ostkantone Belgiens und der ganzen Welt. In Ihren Chroniken über unsere Gebiete haben wir schon oft vieles erfahren, daß uns ganz unbekannt war. Dürfen wir Sie, liebe Sprecherin auch manchmal um besondere Schallplatten bitten, oder muß dafür eine Entschädigung zugeschickt werden!

Mit herzlichem Dank und auf eine kleine Antwort hoffend verbleibe ich Ihre

Frau Jos. Pfeiffer

Büllingen. (Malmedy.)

Frühe Hörerpost: Brief von Frau Pfeiffer aus Büllingen vom 15. März 1947 – eine der ersten Zuschriften an Irene Janetzky. In den 1960er Jahren treffen täglich Dutzende Hörerbriefe bei den deutschsprachigen Sendungen in Brüssel ein, meist mit Musikwünschen.

Quelle: Archivbestand BRT (IGD) (1931-1978), Nr. 3028, Generalstaatsarchiv Brüssel

Welt. In Ihren Chroniken über unsere Gebiete haben wir schon oft vieles erfahren, das uns ganz unbekannt war. Mit herzlichem Dank und auf eine kleine Antwort hoffend." Janetzky ist stolz auf diese Sympathiebekundungen und lässt es sich nicht nehmen, auf die Fanpost zu antworten. Am 12. Mai 1947 schreibt sie einer Hörerin aus Burg-Reuland: „*Wertes Fräulein. Es hat mich sehr gefreut von einer unbekannten Hörerin ein Schreiben zu erhalten, das die Freude bekundet über die Sendung in deutscher Sprache. Sollte ich im kommenden Sommer in das romantische Ourtal kommen, so werde ich nicht verfehlen, Ihrer liebenswürdigen Einladung Folge zu leisten und Sie zu besuchen.*" Doch auch weniger schöne Briefe erreichen das Brüsseler Funkhaus. Es sind Protestschreiben. „*Es war nicht leicht, denn wir bekamen ja auch Briefe aus der Wallonie – Warum eine deutschsprachige Sendung?*", erinnert sich Irene Janetzky in einem BRF-Interview von 1985. Einige Schreiben fielen auch heftiger aus, der Sendungsmacherin wurde darin vorgeworfen, in der Sprache des Aggressors und ehemaligen Besatzers zu senden.

Aufgrund drastischer Sparmaßnahmen beim öffentlich-rechtlichen Rundfunk INR werden 1947 auch die ohnehin geringen Mittel für die *Sendung in deutscher Sprache* um mehr als ein Viertel gekürzt. Der kostspielige Französischunterricht in seiner bisherigen Form wird zum 15. April 1947 gestrichen und die freie Mitarbeit von Lehrerin Madeleine Van Keer nach fünfmonatiger Tätigkeit beendet. Die Lektionen werden jetzt von einem Rundfunkkollegen aus der französischen Redaktion gegeben. Zudem wird Irene Janetzky während ihres Urlaubs nicht mehr ersetzt. Die Folge: Die Sendung fällt aus. Im Sommer teilweise mehrere Wochen am Stück. Zahlreiche Hörer müssen sich bei Rundfunk und politisch Verantwortlichen beschwert haben, denn am 26. Mai 1948 schreibt der Finanz- und Verwaltungschef des INR, Frans Hoosemans, an Generaldirektor Fleischman: „*Im vergangenen Jahr hatten wir aufgrund der finanziellen Situation die deutschsprachigen Sendungen während der Ferien der Sprecherin gestrichen. Sie werden sich sicherlich daran erinnern, dass diese Maßnahme für Aufregung sorgte und das Kabinett des Ministers uns um eine*

Erklärung bat. (...) Ich schlage vor, die Sendungen während des Urlaubs von Frau Janetzky dieses Jahr beizubehalten." Auch der Französischunterricht wird bald wieder von einem Lehrer gegeben: Professor Gustave Hennuy aus Wépion bei Namur, der einen Lehrauftrag an der Höheren Handelsschule der Stadt Brüssel angenommen hat, übernimmt die Aufgabe im Herbst 1948 und wird bis Ende der 1950er Jahre fast täglich zu hören sein.

Kaum läuft die *Sendung in deutscher Sprache* wieder normal, taucht ein viel größeres Problem auf: Das Regionalprogramm von Namur beansprucht mehr und bessere Sendezeit auf der *Brüssel 4*-Frequenz, auf der auch Janetzkys Programm seit 1946 ausgestrahlt wird. Die deutschsprachige Sendung soll ab Herbst 1948 eine halbe Stunde früher als bislang gesendet werden, also bereits um 18 Uhr. In einer Dienstnote vom 19. Juli 1948 schreibt Verwaltungsdirektor Hoosemans an den aus Ensival bei Verviers stammenden Hector Masson, Leiter der wallonischen Regionalprogramme: „*Diese Entscheidung wurde im Einvernehmen (...) getroffen, um einerseits Namur zufriedenzustellen und andererseits die Sendung für die Ostkantone nicht um 15 Minuten zu kürzen.*" Janetzky ist nicht begeistert von der geplanten Verschiebung der Startzeit. Sie befürchtet, dass dadurch die Gewohnheiten ihrer treuen Hörerschaft durcheinandergeraten. Sie aktiviert ihr internes Netzwerk. Paul Lévy, bereits seit den 1930er Jahren beim Rundfunk beschäftigt und ein tonangebender Journalist des Hauses, schreibt am 23. August an den Verwaltungsdirektor des INR: „*Diese Veränderung ist unangenehm und nicht förderlich für das Einschalten. Sie ist bedauerlich für eine Sendung, die so wichtig und erfolgreich ist.*" Der Protest ist erfolglos: Am 4. Oktober 1948 erfolgt die Ausstrahlung zur neuen Sendezeit. Doch es kommt noch schlimmer, denn die wallonischen Regionalstudios produzieren immer mehr Programm und beanspruchen Ende der 1940er

Jahre mehr Sendezeit. Am 8. Dezember 1950 teilt Verwaltungschef Hoosemans Irene Janetzky und Hector Masson schriftlich mit: *„Herr Generaldirektor hat soeben beschlossen (...), dass die Sendungen für die Ostkantone ab Montag, dem 22. Januar 1951, von 17.20 bis 17.50 Uhr auf der Welle 267 Meter ausgestrahlt werden."* Ein echter Schlag in die Magengrube, wie sich wenig später herausstellen sollte. Die Bevölkerung in den ländlichen Ostkantonen ist größtenteils in der Landwirtschaft tätig. Um kurz nach fünf am Nachmittag hockt niemand in der Stube, um das Radio einzuschalten. Irene Janetzky hält das später in sämtlichen Berichten, die sie über ihre Sendungen verfassen muss, fest: Die Sendezeit ist höchst problematisch. Die Jahre vergehen, doch an der ungünstigen Sendezeit wird sich bis Anfang der 1960er Jahre nichts ändern.

Für Irene Janetzky läuft es derzeit ohnehin nicht so rund. Im Vorjahr musste sie einen schweren Schicksalsschlag hinnehmen. Am 9. Februar 1949 starb ihre geliebte Mutter im Alter von 64 Jahren. Katharina Petry, verwitwete Janetzky, war die einzige Person, mit der Irene Janetzky ihr ganzes Leben lang in Kontakt stand und die dieselben Stationen auf ihrem Lebensweg durchlief: Duisburg, Bingen am Rhein, Malmedy und Brüssel. In der Todesanzeige hält die Familie fest: *„Ihr Leben war nur Liebe und Sorge für andere. In tiefer Trauer: Dr. Bernhard Willems, Madame Irene Janetzky nebst Kindern Guy und Luc."* Katharina Petry war 1945 gemeinsam mit ihrem Ehemann nach Ixelles gezogen, um sich um ihre Enkelkinder zu kümmern. In Brüssel angekommen, fühlte sie sich jedoch nie richtig heimisch, da sie die französische Sprache kaum beherrschte. Für Katharina Petry war es ohnehin das Wichtigste, die Familie um sich zu haben.

Die Betreuung der beiden Jungs übernehmen jetzt Kindermädchen, die Bernhard Willems über Bekannte aus den Ostkantonen nach Brüssel holt. Das Angebot ist attraktiv: als Haushaltshilfe für eine angesehene Rundfunksprecherin arbeiten, dabei die Hauptstadt Brüssel kennenlernen und nebenbei die eigenen französischen Sprachkenntnisse verbessern. Sohn Guy Vanhaeverbeke erinnert sich noch ziemlich gut an eine der Betreuerinnen: Katharina Velz aus Büllingen. Zu der zwei Jahre jüngeren Büllingerin hatte Irene Janetzky ein besonders gutes und vertrauensvolles Verhältnis aufgebaut. *„Katharina, wenn du einmal selbst ein Kind haben wirst, bestehe ich darauf, Patin zu werden"*, soll Irene Janetzky ihr einmal gesagt haben. Es dürfte kein Zufall sein, dass das erstgeborene Kind von Katharina Dreuw-Velz auf den Namen Irène getauft wurde. Und ihre Patin wurde Irene Janetzky auch …

Drei Rundfunkfrauen unter sich: Inge Gerckens, Irene Janetzky und Alice Grünebaum prägten seit den 1950er Jahren gemeinsam das Programm. Aufgenommen 1986 in Eupen bei Grünebaums Verabschiedung vom BRF.

Quelle: BRF-Archiv

KAPITEL II

Von nationalen Aufgaben und internationalen Tabus

Anfang der 1950er Jahre erhält Irene Janetzky immer mehr Unterstützung. Inzwischen konnte sie ein halbes Dutzend freie Mitarbeiter gewinnen, die täglich Beiträge zu den unterschiedlichsten Themen für ihre *Sendung in deutscher Sprache* beisteuern. Auch im Urlaubs- oder Krankheitsfall kann sie jetzt problemlos ersetzt werden. *„Dadurch wurde die Sendung aufgewertet und abwechslungsreicher"*, hält Irene Janetzky am 4. Oktober 1951 in einem internen Bericht fest. Um dieses Schriftstück hatte sie Verwaltungsdirektor Frans Hoosemans zwei Tage zuvor *„in aller Dringlichkeit"* per interner Post gebeten. Nicht ohne Grund, denn der Rundfunk muss erneut sparen und auch die deutschsprachigen Sendungen sollen ihren Beitrag dazu leisten. Janetzky ist von dieser Idee wenig begeistert, schließlich hatte ihre Sendung gerade erst das Tempo erreicht, das sie für angemessen hielt. Ihre Hörer sollten vorerst auf nichts verzichten müssen, weshalb die eifrige Sendungsverantwortliche erst einmal weitermacht wie bisher. Wenige Wochen später folgt das böse Erwachen. Verwaltungsdirektor Hoosemans hält am 31. Oktober 1951 in einer kurzen Dienstmitteilung fest: *„Bitte machen Sie Frau Janetzky darauf aufmerksam, dass die Ausgaben für die deutschsprachigen Sendungen bis zum Ende des Jahres auf ein Minimum reduziert werden müssen."* Doch Irene Janetzky sind Inhalte wichtiger als Zahlen – sie befolgt die Anweisung der Rundfunkverwaltung deshalb nur halbherzig und setzt weiter freie Mitarbeiter ein, um ihr Sendeformat möglichst attraktiv zu gestalten und breit aufzustellen.

Inzwischen ist die Schar der freien Mitarbeiter noch weiter angewachsen. Zum Kreis der externen Kräfte zählen die freien Mitarbeiter der ersten Stunde, Alice und Kurt Grünebaum sowie Henriette Fröhlich und Bernard Willems. Aber auch Autoren wie Henri Binot, Joseph Schleiss, Hermann Moutschen, der Französischlehrer Gustave Hennuy, Paul Margraff als Korrespondent aus St. Vith und der Eifel sowie Joseph Gerkens als Korrespondent aus dem Eupener Land gehören dazu. Auch ihren ältesten Sohn Guy Vanhaeverbeke setzt Irene Janetzky inzwischen ein, um gelegentlich über sportliche Großereignisse zu berichten. Die externen Mitarbeiter erhalten für einen Beitrag 250 belgische Franken. Wer Janetzky als Redakteur und Moderator für eine komplette Sendung vertritt, erhält eine Tagespauschale von 350 Franken.

Im Herbst des Folgejahres wird es dem Verwaltungsdirektor Hoosemans endgültig zu bunt. Am 1. Oktober 1952 hält er schriftlich fest: *„Ich habe meine Mitarbeiter mehrmals auf die Notwendigkeit strikter Einsparungen hingewiesen. Ich habe gerade die Zahlungsanweisungen für die deutschsprachigen Sendungen für den vergangenen September unterzeichnet."* Es folgt eine Auflistung von insgesamt 21 journalistischen Beiträgen externer Mitarbeiter sowie rund 20 Französisch-Lektionen für einen Gesamtbetrag von 10.450 belgischen Franken. Zudem beunruhigt die Verwaltung die Tatsache, dass Irene Janetzky noch ihren Jahresurlaub nehmen muss und in dieser Zeit eine ebenfalls kostspielige Vertretung eingesetzt werden muss. Irene Janetzky wird angehalten, *„von nun an sparsamer zu sein"*.

Seit ihrer Gründung im Jahr 1945 ist die *Sendung in deutscher Sprache* in der französischsprachigen Abteilung des Rundfunks INR angesiedelt und wird somit auch finanziell von diesem Dienst getragen. Laut internen Dokumenten des Rundfunks fallen pro Jahr Gesamtkosten in Höhe von 266.000 Franken an. Darin enthalten sind Janetzkys Gehalt, die Honorare für die freien

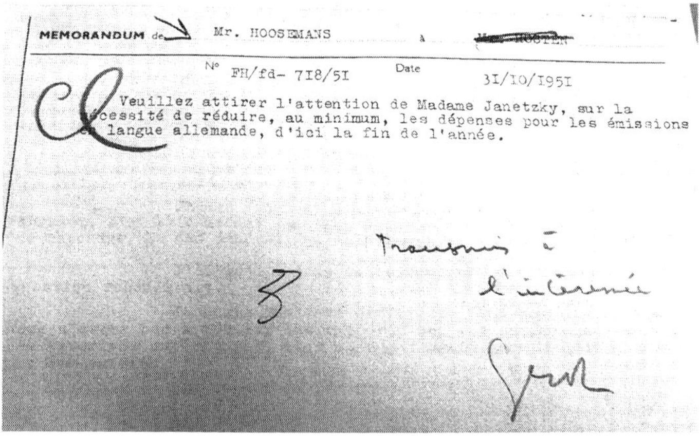

MEMORANDUM de Mr. HOOSEMANS à

N° FH/fd- 7I8/5I Date 3I/I0/I95I

Veuillez attirer l'attention de Madame Janetzky, sur la nécessité de réduire, au minimum, les dépenses pour les émissions en langue allemande, d'ici la fin de l'année.

Erneut Sparzwang im Rundfunk: Am 31. Oktober 1951 weist Verwaltungsdirektor Frans Hoosemans Irene Janetzky an, die Ausgaben für ihre deutschsprachigen Sendungen bis Jahresende auf ein Minimum zu beschränken.

Quelle: Archivbestand RTB (RTB IEF) (1928-1985), Nr. 4992, Generalstaatsarchiv Brüssel

Mitarbeiter sowie diverse Kosten für technisches Gerät. Aufgrund des wachsenden Kostendrucks und verschiedener Sparmaßnahmen im Rundfunk wächst auf frankophoner Seite der Wunsch, die Ausgaben für das deutschsprachige Programm auf andere Abteilungen zu verlagern. Am 17. März 1952 schlägt Rundfunkdirektor Théo Fleischman vor, die Kosten künftig jeweils zur Hälfte durch den französischsprachigen und den flämischen Dienst des Rundfunks tragen zu lassen. Er untermauert seinen Vorschlag mit einer politischen Argumentation: *„Seit der Befreiung wurden die deutschsprachigen Sendungen für die Ostkantone aus praktischen Gründen von der Abteilung für französische Sendungen übernommen, obwohl sie eine nationale Anstrengung darstellen, die sowohl für den flämischen als auch für den französischen Teil des Landes von Interesse ist."*

Weiter unterstreicht er den *„nationalen Charakter"* der deutschsprachigen Sendung und dass es nicht normal sei, dass ausschließlich der französische Dienst dafür aufkomme. Nur wenige Tage später, am 24. März 1952, entscheidet der Geschäftsführungsausschuss des INR, dass die Ausgaben für das deutsche Programm künftig jeweils halbjährlich vom flämischen Dienst und vom französischen Dienst getragen werden sollen.

Apropos Geld: Irene Janetzky, die vertraute Stimme aus Brüssel, ist für viele Menschen in den Ostkantonen über die Jahre hinweg zu einer echten Bezugsperson geworden, fast wie ein Familienmitglied. Einige vertrauen ihr so sehr, dass sie ihr Geld für wohltätige Zwecke per Post an den Sender schicken. Frei nach dem Motto: Frau Janetzky wird schon wissen, wer das Geld in diesen schwierigen Zeiten am dringendsten benötigt. Ihrem Vorgesetzten Maurice Hankard schreibt Janetzky am 12. Februar 1953: *„Mehrmals habe ich die Hörer gebeten, diese Sendungen einzustellen. Trotzdem erreichen mich immer noch Geldspenden. Ich würde mich freuen, wenn Sie mir sagen könnten, was ich mit dem Geld machen soll. Ich erlaube mir, Ihnen vorzuschlagen, es an den Katastrophenfonds des Roten Kreuzes zu überweisen."*

Inzwischen hat auch der Bayerische Rundfunk (BR) erfahren, dass der Belgische Rundfunk in Brüssel eine Sendung in deutscher Sprache produziert. Seit Frühjahr 1952 steuert Irene Janetzky monatlich Beiträge aus Belgien für das Hörfunkprogramm in München bei. Diese werden entweder live per Radioleitung von Brüssel nach Bayern überspielt oder vorproduziert und das Tonband per Flugpost verschickt. Am 19. November 1952 wendet sich Otto Freundorfer von der Sendeleitung Programmaustausch des BR abermals in einem Schreiben an seine belgischen Kollegen: *„Gestatten Sie uns bitte, Ihnen erneut einen Wunsch vorzutragen:*

Für eine Sendung, die Weihnachten in Europa zum Thema hat und am 26. Dezember 18.00 bis 18.45 MEZ in unserem Programm steht, suchen wir aus verschiedenen Ländern Beiträge von 5 bis 6 Minuten Dauer. Diese Beiträge sollen das schönste Weihnachtslied des Landes enthalten, vor allem aber einige Minuten echter Milieuschilderung, sei es über einen öffentlichen Brauch um diese Stunde in Ihrem Lande, sei es ein Erlebnis in der Familie, sei es eine Erinnerung. Wir wären Ihnen für eine kurze Mitteilung sehr dankbar, ob wir auch aus Ihrem Lande mit einem Beitrag rechnen dürfen."

Für die Münchener geht das Weihnachtswunder in Erfüllung: Janetzkys Beitrag für die Weihnachtssendung der bayerischen Kollegen gefällt ihnen so sehr, dass der BR einen weiteren Programmaustausch anstrebt und sich zudem erkenntlich zeigen möchte. Anfang 1953 bietet der Bayerische Rundfunk an, Hörspiele oder Plattenbesprechungen für das deutschsprachige Programm in Belgien zur Verfügung zu stellen. Janetzky ist von der Idee begeistert, denn so könnte sie ihrem Publikum neuartige Sendeformate präsentieren und spart obendrein eigene Ressourcen ein. Per Dienstnote vom 30. Januar 1953 bittet die Auslandsabteilung des INR die Rundfunkleitung um Erlaubnis. Raymond Brulez, der Leiter der flämischen Sendungen, gibt grünes Licht. Sein französischsprachiger Kollege Maurice Hankard ist jedoch ganz anderer Meinung. In einer kurzen Stellungnahme vom 19. Februar 1953 schreibt er: *„Ich für meinen Teil bin der Meinung, dass die Ausstrahlung deutscher Hörspiele von einem deutschen Sender, der auf Antenne genannt werden muss, für die Ostkantone unpassend ist. Ein politischer Zwischenfall ist wahrscheinlich."* Der Direktionsrat des Rundfunks folgt dieser Einschätzung und wird eine Zusammenarbeit verhindern. Das Gremium hält wörtlich fest: *„Für diese Programme, die einen regionalen Charakter* *haben, ist die erwünschte Zusammenarbeit nicht geeignet."* Dem BR solle stattdessen eine mögliche Zusammenarbeit mit dem flämischen Programm des INR angeboten werden, das einen nationalen Charakter aufweise.

Die Wunden, die der Zweite Weltkrieg hinterlassen hatte, waren noch frisch und der genaue Grenzverlauf zwischen dem Königreich Belgien und der jungen Bundesrepublik Deutschland zu diesem Zeitpunkt weiterhin unklar – wohl auch in den Köpfen vieler Menschen ...

Die große Depression

Die Gesamtverantwortung für eine Radiosendung lastet schwer auf Irene Janetzky. Der tägliche Produktionsdruck und immer neue Sparmaßnahmen setzen ihr zunehmend zu. Zusätzlich hat sie als alleinerziehende Mutter zweier Kinder in den entbehrungsreichen Jahren nach dem Zweiten Weltkrieg alle Hände voll zu tun. Der Balanceakt zwischen beruflichem Anspruch und privater Verantwortung bringt sie immer wieder an ihre Belastungsgrenze. Schon früh zeigen sich erste Anzeichen, dass die junge Frau diesem permanenten Druck auf Dauer nicht gewachsen ist. Bereits im Jahr 1946 muss sie sich erstmals krankheitsbedingt aus dem Berufsleben zurückziehen. In den darauffolgenden Jahren kommt es immer wieder zu gesundheitlich bedingten Ausfällen, die mit mehr oder weniger langen Abwesenheiten einhergehen.

Im Jahr 1952 rät ihr der behandelnde Hausarzt schließlich dringend, sich eine Auszeit zu nehmen. Um Körper und Seele zu regenerieren, solle sie sich in die Berge zurückziehen, fernab vom hektischen Stadtleben. Die frische Bergluft und die Ruhe dort könnten ihr helfen, wieder zu Kräften zu kommen und einen Ausgleich zum anstrengenden Alltag zu finden, so seine Empfehlung. Und so beantragt Irene Janetzky am 25. November 1952, entgegen den Rundfunkvorschriften, ihren Jahresurlaub in den Wintermonaten statt im Sommer nehmen zu dürfen. In ihrem Empfehlungsschreiben an den Direktionsrat halten Verwaltungschef Hoosemans und der Leiter der flämischen Sendungen, Brulez, fest: *„Es ist anzumerken, dass es keine Nachteile für das Programm gibt.* (...) *Frau Janetzky würde, falls Sie damit einverstanden sind, während ihrer Abwesenheit von Frau Grünebaum vertreten werden, wie es seit sechs Jahren jedes Mal der Fall ist, wenn Frau Janetzky im Urlaub ist."* So kommt es, dass sie sich Anfang 1953 erstmals für einen mehrwöchigen Kuraufenthalt in die Schweizer Berge begibt – in den Alpenort Verbier im Kanton Wallis. Der Wintertourismus steckte noch in den Kinderschuhen. Die erste Skiliftanlage, der *„Téléverbier"*, war gerade fertiggestellt worden und hatte damit den Grundstein für eine systematische touristische Erschließung für den Wintersport gelegt. Zu diesem Zeitpunkt kommen die meisten Gäste tatsächlich noch, um sich in der klaren Bergluft zu erholen. Das gilt vor allem für Lungenkranke und Erschöpfte.

Der Kuraufenthalt in der Schweiz war zwar hilfreich, doch bald sollte Irene Janetzky der stressige Alltag wieder vollständig in seinen Bann ziehen. Anfang 1954 ist sie mit ihren Kräften am Ende und denkt sogar ans Aufgeben. Ihr Hausarzt verschreibt ihr erneut eine mehrwöchige Kur in Verbier. Kurz vor ihrer Abreise trifft sie den neuen Rundfunkdirektor Roger Clausse, den sie seit den ersten Tagen beim Rundfunk im Jahr 1945 kannte. Clausse war damals Leiter der französischsprachigen Sendungen und als Juror an Janetzkys Bewerbungsverfahren beteiligt. Mit ihm redet sie offen und schildert ihren depressiven Zustand. Er spricht ihr Mut zu und regt an, sie solle sich bei ihm melden, wenn sie in der Schweiz ist. Das tut Janetzky. In ihrem persönlichen Nachlass befindet sich eine Kopie des emotionalen Schreibens, das sie am 28. Februar 1954 an Rundfunkdirektor Clausse adressiert: *„Lieber Herr Clausse, die tröstenden Worte, die Sie mir bei meiner Abreise freundschaftlich zukommen ließen, haben mich sehr gerührt und ich bin Ihnen sehr dankbar dafür. Sie haben den Wunsch geäußert, von mir zu hören, und so ist es mir eine große Freude, Ihnen diese Zeilen zukommen zu lassen. Bei meiner Ankunft befand ich mich in einem Zustand starker Depressionen und fühlte mich sehr müde. Meine ersten Tage verbrachte ich in Schnee und Nebel, nur unterbrochen von schwachen, zaghaften Sonnenstrahlen. Im Moment fühle ich mich viel besser. Ein Schweizer Arzt* *untersuchte mich gründlich und sprach die gleiche Sprache wie Sie. Das ist ein glücklicher und tröstlicher Zufall. Ich habe keine Verletzungen, also besteht keine Gefahr, aber er rät mir, zwei bis drei Monate in den Bergen zu verbringen und jedes Jahr wiederzukommen. Bei einer erneuten Untersuchung 14 Tage später zeigte sich derselbe Arzt erstaunt, dass ich mich so schnell ‚erholt' hatte. Das ist auch gut so! Ich verbringe meine ganze Zeit mit rein vegetativer Faulheit: Ich esse, gehe spazieren, schlafe und beginne den Zyklus jeden Tag aufs Neue. Natürlich leidet meine Figur darunter und nimmt besorgniserregende Ausmaße an. Was bleibt mir anderes übrig, als mich mit dem Unvermeidlichen abzufinden? Mit dieser Diät (jetzt, wo die Sonne scheint) bin ich sicher, dass ich bald wieder ‚fit' sein werde, um am 15. März mit Freude meine Arbeit wieder aufzunehmen."*

Einige Tage später, am 3. März 1954, antwortet Rundfunkdirektor Clausse. Auch dieses Schreiben ist von Respekt und Sympathie geprägt und zeugt von der Wertschätzung, die Irene Janetzky in ihrem beruflichen Umfeld entgegengebracht wurde. Der Brief ist an Janetzky im „*Hotel Grand Combat*" in Verbier gerichtet: „*Werte Frau, ich habe mich sehr über die guten Nachrichten gefreut, die Sie mir in Ihrem Brief vom 28. Februar mitgeteilt haben. Wenn Sie klug sind und den Willen haben, das Hindernis zu überwinden, wird Ihnen alles gut gehen. Hier ist alles eine Frage des Charakters und der Moral. Ich weiß, dass es Ihnen an beidem nicht mangelt. Es freut mich auch zu wissen, dass unser Gespräch Ihnen Trost gebracht hat. Ich wünsche Ihnen gute Erholung, gute Pflege und viel Kraft. Bitte halten Sie mich über Ihren Gesundheitszustand auf dem Laufenden. Vergessen Sie nicht, dass Sie immer einer von uns sind und dass wir Sie lieben. Viel Glück und bis bald.*"

Wie geplant kehrt Irene Janetzky Mitte März 1954 nach Brüssel zurück. Körperlich gestärkt, seelisch gefestigt und mit neuer Zuversicht. Doch kaum ist sie wieder im Dienst, erwarten sie gleich mehrere Überraschungen – manche erfreulich, andere fordernd. Für Irene Janetzky beginnt ein neues Kapitel zwischen Neuanfang und Herausforderung – mit frischer Kraft, aber auch mit dem Wissen, dass die Balance zwischen Engagement und Selbstfürsorge künftig bewusster gewahrt werden muss.

Das Fernsehen ruft

Noch gibt es kaum Empfangsgeräte und Zuschauer, doch das Fernsehen startet Anfang der 1950er Jahre seine ersten Gehversuche. Der technische Fortschritt ist nicht mehr aufzuhalten. Auch der Belgische Rundfunk INR/NIR startet 1953 in zwei umgebauten Hörfunkstudios des Funkhauses Flagey in Brüssel seine ersten Versuche und Testsendungen mit Kameras. Mit Erfolg, denn der Rundfunk fängt bereits im Herbst desselben Jahres mit ersten regelmäßigen TV-Sendungen an. Am 31. Oktober 1953 fällt der offizielle Startschuss: Das neugeschaffene niederländischsprachige Fernsehprogramm zeigt am Eröffnungsabend die Verfilmung des Theaterstücks *„Drie dozijn rode rozen"*, während im französischsprachigen Programm die Unterhaltungssendung *„Boum!"* läuft. Von nun an wird zwei bis dreimal wöchentlich am Abend gesendet. Die erste eigene Nachrichtensendung bringt das belgische Fernsehen erst 1956 – Auslöser war das schwere Grubenunglück von Marcinelle in der Provinz Hennegau mit 262 Toten.

Es geht ein Ruck durch die Medienwelt. Das neue Medium Fernsehen entwickelt sich rasant weiter. Auch die Zuschauerzahlen: Inzwischen sollen schätzungsweise 15 Millionen Menschen in Europa regelmäßig Zugang zu einem TV-Gerät haben. Als Irene Janetzky im Frühjahr 1954 zurückkehrt nach Brüssel, macht der Rundfunk ihr ein Angebot, das sie nicht ausschlagen kann: Sie soll die erste Sendung des INR für das Netzwerk *Eurovision* moderieren. Am 24. Juni 1954 muss Belgien erstmals Inhalte für den neuen Verbund beisteuern. Das flämische NIR sendet an diesem Abend um 19 Uhr eine Aufzeichnung des Folkloreumzugs *Ommegang* in Brüssel. Um 22 Uhr folgt der halbstündige Beitrag des französischsprachigen INR. Die Studiosendung ist der Folklore aus der Wallonie gewidmet, mit Figuren wie den *Gilles* aus Binche, Karnevalsmasken von Malmedy oder dem Brauch der Goldenen Kutsche in Mons. Und hier schlägt die Sternstunde der Irene Janetzky, wie Journalist André Thirifays von der Zeitung *Le Soir* in der Ausgabe vom 27. Juni 1954 hervorhebt: „*Die Moderation übernahm die Sprecherin Irene Janetzky. Sie war hübsch und elegant, wie es ihre Funktion verlangt, aber sie hatte den besonderen Luxus, zu den Millionen von Zuhörern in den sieben Eurovisionsländern in ihrer eigenen Sprache zu sprechen.*" In der Tat hatte Janetzky die Zuschauer in fünf Sprachen begrüßt: Französisch, Englisch, Niederländisch, Italienisch und Deutsch. So etwas hatte die Fernsehwelt bis dato noch nicht gesehen. Leider besteht von dieser Sendung – wie für die allermeisten anderen TV-Produktionen in Belgien vor 1956 – kein Archivmaterial.

Eurovision: der lange Weg zum ersten ESC

Nicht nur in Belgien nimmt die Erfolgsgeschichte Fernsehen ihren Lauf, auch in den europäischen Nachbarstaaten gibt es erste Programme und Sendungen. Bereits 1950 war die Europäische Rundfunkunion (EBU) gegründet worden. Ein Netzwerk, um Nachrichteninhalte in Europa auszutauschen – zunächst in erster Linie im Hörfunk. Jedoch kommt der Rundfunkgemeinschaft rasch eine Idee: Warum nicht die TV-Sender in verschiedenen Ländern zusammenschließen und dadurch Großereignisse in ganz Europa sichtbar machen? Die Übertragung der Krönung von Königin Elisabeth II. am 2. Juni 1953 wird die erste internationale Livesendung der EBU. Das Signal des Britischen Rundfunks BBC gelangt über diverse Relaisstationen in andere europäische Länder. Zuschauer gibt es damals so gut wie keine, doch das erfolgreiche technische Experiment schreit nach einer Wiederholung.

Innerhalb der EBU wird 1954 die Arbeitsgruppe *Eurovision* gegründet, der Überlieferung nach eine Wortschöpfung des englischen Journalisten George Campey für *European Television* (zu Deutsch: *europäisches Fernsehen*). Mit den „*Europäischen Fernsehwochen*" vom 6. Juni bis zum 4. Juli 1954 beginnt offiziell die Zusammenarbeit in der *Eurovision* in insgesamt acht Ländern. Mit dabei sind Belgien, Dänemark, Frankreich, Großbritannien, Italien, die Niederlande, die Schweiz und West-Deutschland. Jede teilnehmende Sendeanstalt ist angehalten, während des Projektmonats reihum Inhalte für das gesamte Netzwerk zu produzieren. Papst Pius XII. wendet sich in der Eröffnungssendung am 6. Juni an die Zuschauer und nennt das neue grenzübergreifende Medium ein „*Symbol und Versprechen für die Einheit der Nationen*". Im Anschluss startet das Schweizer Fernsehen mit der Übertragung des Narzissenfests von Montreux. Eine technische Meisterleistung, denn die Schwarzweißbilder der Narzissen müssen eine Strecke von insgesamt 6.000 Kilometern quer durch Europa zurücklegen. Dafür sind 80 Richtfunkanlagen und fast 20.000 Röhren im Einsatz. Leider fallen einige Röhren aus, was eine dreiminütige Programmunterbrechung in Frankreich und Großbritannien verursacht. Bei der Eröffnungssendung wird erstmals der typische Eurovisions-Vorspann eingesetzt, der sich vor allem wegen der eingängigen Melodie aus dem *Te Deum* des französischen Komponisten Marc-Antoine Charpentier (1643-1704) bis heute ins kollektive Gedächtnis eingebrannt hat.

Das neue Netzwerk der Eurovision findet rasch Anklang. Vor allem die Tatsache, über Grenzen hinweg zusammenzuarbeiten und neue Inhalte zu schaffen, findet viele Anwärter. Wenige Monate nach den erfolgreichen *Europäischen Fernsehwochen* bringt der Schweizer Rundfunkchef Marcel Bezençon die Idee für einen europäischen Schlagerwettbewerb ins Spiel. Ein Jahr später, am

24. Mai 1956, findet im schweizerischen Lugano der erste „*Gran Premio Eurovisione Della Canzone Europea*" statt, später „*Grand Prix Eurovision de la Chanson*" und heute „*Eurovision Song Contest*" (ESC). Sieben Länder, darunter Belgien, nehmen an der ersten Ausgabe in Lugano teil. Dänemark, Großbritannien und Österreich verpassen schlicht die Anmeldefrist der Rundfunkunion und dürfen 1956 in Lugano nicht mitmachen.

Neben dem ESC war besonders das Unterhaltungsformat namens „*Spiel ohne Grenzen*" der Eurovision in den 1960er und 1970er Jahren populär.

Irene Janetzkys Fernsehauftritt ist nicht unbemerkt geblieben. Vor allem mit ihrer akzentfreien Aussprache in gleich fünf Sprachen hat sie Zuschauer und Fernsehmacher in Europa zugleich beeindruckt. Die Anfrage zu einem Folgeauftrag lässt nicht lange auf sich warten. Zum Jahreswechsel 1954/55 soll der Italienische Rundfunk RAI die Mitternachtssendung zur *Eurovision* beisteuern. Aus Rom kommt am 23. November die offizielle Anfrage an die Kollegen in Brüssel, ob Irene Janetzky die Moderation der Neujahrsgrüße der RAI übernehmen könne. Am 2. Dezember 1954 heißt es im Beschlussregister der Rundfunkleitung: „*Das Kollegium erklärt sich damit einverstanden, dass Frau Janetzky zwei oder drei Tage vor dem 1. Januar ihren Dienst verlässt, damit sie am 1. Januar 1955 auf Wunsch der R.A.I. von 0.20 Uhr bis 1.00 Uhr morgens moderieren kann.*" Besagte Neujahrssendung für die *Eurovision* produzieren die Italiener in ihrem Studio in Mailand – und damit beginnt Ende 1954 für Irene Janetzky eine gewisse Reisetätigkeit im Auftrag des Rundfunks. Erstmals seit dem Ende des Zweiten Weltkriegs ist sie wieder in Italien unterwegs

– wenn auch nur für wenige Tage. In einem Land, das sie erstmals Anfang der 1930er Jahre bereist hatte, um die Sprache zu lernen.

In einer kurzen Programmvorschau weist die Zeitung *Le Soir* ihre Leser am 30. Dezember 1954 unter dem Titel „*Mehrsprachige Sprecherin*" auf die bevorstehende Sendung aus Italien mit belgischer Beteiligung hin: „*Wir hatten bereits gemeldet, dass das italienische Fernsehen am Neujahrsprogramm der Eurovision teilnehmen wird. Es hat unsere Landsfrau Irene Janetzky vom Belgischen Rundfunk als Grußbotin engagiert, die in fünf Sprachen zu den Fernsehzuschauern aus sieben Ländern sprechen wird.*"

Zwischen Lachen und Weinen

Das Jahr 1954 sollte aber auch noch eine faustdicke Überraschung der anderen Art für Irene Janetzky bereithalten. Infolge der Parlamentswahlen vom 11. April melden die politischen Unterhändler bereits nach zwei Wochen Vollzug. Vor dem Hintergrund der in Belgien häufig zähen Koalitionsverhandlungen erscheint ein so rascher Regierungsbildungsprozess kaum vorstellbar.

Sozialisten und Liberale schließen am 23. April 1954 einen Koalitionsvertrag, dessen Leitlinien der neue Premierminister Achille Van Acker, der dieses Amt zuletzt 1946 bekleidet hatte, einige Tage später in der Abgeordnetenkammer in Brüssel vorstellt. Der wirtschaftspolitische Fokus der damaligen Regierung könnte ebenso gut aus dem Programm einer heutigen belgischen Föderalregierung stammen. Trotz der Nachkriegszeit, in der Belgien vor enormen sozialen und wirtschaftlichen Herausforderungen stand, setzt Van Acker auf haushaltspolitische Disziplin, Effizienzsteigerung und Wettbewerbsfähigkeit – Themen, die auch heute den politischen Diskurs prägen. Die Prioritäten der damaligen Regierung sind klar und lauten: *„ein ausgeglichener Haushalt ohne neue Steuern; Senkung der öffentlichen Ausgaben; keine zusätzlichen Mittel im laufenden Haushalt ohne entsprechende Einnahmen; Vereinfachung der Besteuerung; Steigerung der Produktivität und Senkung der Selbstkostenpreise, um die Position der belgischen Industrie auf den Auslandsmärkten zu verbessern"*, wie die Nachrichtenagentur Belga damals in ihrer Depesche zusammenfasst.

Der öffentlich-rechtliche Rundfunk bekommt den Sparwillen der neuen Regierung rasch zu spüren. Im Frühsommer 1954 lautet die allgemeine Order: Ausgaben in allen Bereichen drastisch reduzieren. Irene Janetzky soll im Auftrag der Sendeleitung eiligst einen Bericht über ihre *Sendung in deutscher Sprache* verfassen. Bei der erfahrenen Rundfunkpionierin läuten die Alarmglocken: Sie befürchtet, dass die deutschsprachige Sendung dem Rotstift zum Opfer fallen könnte – und zwar vollständig. Schließlich kann sie sich noch gut daran erinnern, was die Verantwortlichen ihr bei ihrer Einstellung 1945 gesagt hatten: Die Sendung sollte ein zeitlich befristetes Projekt sein. Und jetzt – unter dem Druck der Sparmaßnahmen –, so glaubt sie, ist der Moment gekommen, um das, was sie in mühevoller jahrelanger Arbeit aufgebaut hat, abzuschaffen. Im Interview mit dem BRF erinnert sich Janetzky 1985: *„Ich habe mich dann rechts und links erkundigt und dann sagte man mir: ‚Machen Sie mal einen Rapport'. Da habe ich gesagt: ‚Ich, einen Rapport machen? Erstens habe ich dafür keine Zeit. Zweitens habe ich niemanden, der mir einen Rapport tippt und drittens* (...) *bleibt dieser Rapport irgendwo bei einem Minister auf einem Schreibtisch liegen.' Dann habe ich versucht, ihn* [A.d.A.: den Premierminister] *persönlich zu sehen, mit Freunden. Ich habe dann mit ihm gefrühstückt. Dann habe ich ihm die ganze Sache erläutert, was das für eine Katastrophe wäre, die Sendung nach so vielen Jahren einzustellen. Das wäre ja unmöglich – stellen Sie sich das einmal vor. Wir sind doch sowieso schon ein Adoptivkind, da unten, und wir werden als Adoptivkinder behandelt – glücklicherweise ist das heute nicht mehr der Fall. Ich habe mich sehr aufgeregt. Er lispelte ein wenig und sagte: ‚Je vais penser à la chose'* (‚Ich werde darüber nachdenken'). *Dann sagte ich: ‚Non non, il ne faut pas penser à la chose. Il faut décider maintenant.'* (‚Nein, Sie dürfen nicht nachdenken, sondern müssen sich jetzt entscheiden.'). *Dann hat er schließlich gesagt: ‚Je comprends'* (‚Ich verstehe')." Leise, aber mit einem süffisanten Unterton fügt Janetzky in dem Interview hinzu: *„Und dann lief die Sendung weiter!"*

Achille Van Acker – Architekt des belgischen Sozialstaats

Er ist eine der prägendsten politischen Figuren Belgiens im 20. Jahrhundert: Als mehrfacher Premierminister und führender Vertreter der belgischen Sozialisten gilt Achille Van Acker als zentraler Gestalter des modernen belgischen Sozialstaats nach dem Zweiten Weltkrieg.

Geboren am 8. April 1898 in eine bescheidene Arbeiterfamilie in Brügge, erlebt Van Acker Armut und soziale Ungleichheit schon früh aus nächster Nähe. Ohne höhere Schulbildung, aber mit einem ausgeprägten Gerechtigkeitssinn, engagiert er sich zunächst in der Arbeiterbewegung. Sein politischer Aufstieg beginnt über die Gewerkschaften und die Sozialistische Arbeiterpartei. Sein politisches Talent wird rasch erkannt: 1939 wird Van Acker erstmals ins belgische Parlament gewählt. Sein eigentlicher Durchbruch kommt jedoch nach dem Zweiten Weltkrieg. Am 12. Februar 1945, kurz nach der Befreiung Belgiens, wird er zum Premierminister ernannt – ein Amt, das er insgesamt vier Mal bekleiden wird.

Während seiner Amtszeiten setzt Van Acker entscheidende Reformen um, die Belgien nachhaltig prägen. Er ist maßgeblich an der Einführung des Sozialversicherungssystems beteiligt, das Krankenversicherung, Renten und Arbeitslosengeld umfasst – ein Meilenstein in der belgischen Sozialpolitik. Damit legt er das Fundament für das, was heute als belgischer Wohlfahrtsstaat gilt. Van Acker ist ein Verfechter des sozialen Ausgleichs, aber auch ein geschickter Pragmatiker. In einer politisch polarisierten Nachkriegszeit versteht er es, zwischen linken Idealen und bürgerlichen Realitäten zu vermitteln. Sein Führungsstil ist sachlich, unaufgeregt und von tiefer persönlicher Bescheidenheit geprägt – ein Kontrast zur damaligen politischen Rhetorik.

Während seiner Amtszeiten engagiert sich Van Acker auch intensiv für die Modernisierung der belgischen Kohle- und Stahlindustrie, die das wirtschaftliche Rückgrat des Landes bilden. Er unterstützt staatliche Investitionen und eine stärkere sozialpolitische Absicherung der Arbeiter in diesen Schlüsselbranchen – besonders im wallonischen Industriebecken, wo harte Arbeitsbedingungen und soziale Spannungen vorherrschen. In seiner letzten Amtszeit als Premier (1954–1958) steht er vor schwierigen Herausforderungen, darunter ein drastischer Sparkurs und die wachsenden Spannungen in der belgischen Kolonie Kongo. Auch hier agiert er in erster Linie als Vermittler und Stabilitätsgarant.

Nach seinem Rückzug aus der aktiven Politik bleibt er eine moralische Instanz innerhalb der Sozialistischen Partei Belgiens. Achille Van Acker stirbt am 10. Juli 1975 in seiner Heimatstadt Brügge. Sein Vermächtnis ist bis heute sichtbar: als einer der Architekten eines solidarischen Belgiens, das die soziale Gerechtigkeit nicht als Ideal, sondern als politische Verpflichtung versteht.

Die *Sendung in deutscher Sprache* ist damit endgültig gerettet. Doch mit wesentlichen Verbesserungen, zusätzlichen Mitarbeitern oder mehr Sendezeit ist vorerst nicht zu rechnen. Auch wenn Irene Janetzky der Rundfunkleitung Anfang 1955 ein neues Sendekonzept vorlegen soll. In dem Dokument vom 7. Februar fordert sie unter anderem die personelle Aufstockung in Form eines zusätzlichen Journalisten und einer Schreibkraft. Darüber hinaus fordert sie einen deutlich höheren Jahresetat von einer halben

Million belgischen Franken sowie eine bessere und verlängerte Sendezeit. Das Gremium beauftragt zwei Mitglieder der Geschäftsleitung, die Vorschläge Janetzkys zu prüfen und zu bewerten. In ihrem Bericht vom 15. März 1955 halten die beigeordneten Rundfunkdirektoren Frans Hoosemans und Raymond Brulez unter anderem fest: „*Wir haben mehrfach festgestellt, wie unnormal es ist, dass die deutschsprachigen Sendungen von einer einzigen Person betreut werden. Wir sind im Übrigen der Meinung, dass dies keine Einsparung darstellt, da jedes Mal, wenn Frau Janetzky aus irgendeinem Grund (Urlaub, Krankheit, Dienstreise in Belgien, Sitzung usw.) abwesend ist, sie durch Honorarkräfte ersetzt werden muss.*" Auch in Sachen Sendezeit pflichten sie Janetzky bei: „*Derzeit finden diese Sendungen von 17.20 bis 17.50 Uhr auf der wallonischen Regionalwelle statt. Diese Zeit ist zu knapp bemessen, die Sendezeit ist schlecht.* (...) *Die Hörer in den deutschsprachigen Regionen beschweren sich zu Recht über die Schwäche dieser Sendungen.* (...) *Dem Kollegium ist jedoch bekannt, dass es nicht möglich ist, die Sendezeit auf der wallonischen Regionalwelle zu verschieben oder die ihr zugestandene Dauer zu verlängern. Es gibt hier ein technisches Problem, aber wir fragen uns, wie leicht es nicht durch frequenzmodulierte Sendungen gelöst werden könnte.*" Im Klartext fordern die beigeordneten Direktoren den Übergang von Mittelwelle auf die neue Ultrakurzwelle. Die UKW-Technik mit deutlich besserer Klangqualität ist in der benachbarten Bundesrepublik bereits vereinzelt im Einsatz. Mit einer eigenen Frequenz für das Programm in deutscher Sprache würde man die Platznot auf der wallonischen Mittelwelle aus Sicht der Herren leicht umgehen und zudem die Empfangsqualität im Osten des Landes verbessern. Lediglich Janetzkys Vorschlag zur bedeutenden Budgetaufstockung sehen sie kritisch: „*Diese Zahl erscheint uns deutlich übertrieben.* (...) *Außerdem möchten wir, dass Frau Janetzky für das Budget detaillierte und jedes Mal begründete Vorschläge einbringt."* Das Direktionsgremium entscheidet auf Grundlage des Berichts, die technischen Details weiter klären zu lassen …

Unterdessen laufen die Vorbereitungen für einen wichtigen Geburtstag auf Hochtouren: Im Oktober 1955 besteht die *Sendung in deutscher Sprache* seit genau zehn Jahren – diesen Jahrestag wollen Rundfunk und Regierung nicht unbemerkt passieren lassen. Im Sommer findet dazu eine erste Arbeitssitzung im Funkhaus Flagey in Brüssel statt, an der neben Irene Janetzky die beiden beigeordneten Rundfunkdirektoren Hoosemans und Brulez teilnehmen. Im Sitzungsprotokoll vom 29. Juli 1955 stellt sich eine zentrale Frage: Wo soll die Feier mit einem Auftritt eines der Rundfunkorchester stattfinden? In den Ostkantonen oder doch in Brüssel? Die Sitzungsteilnehmer listen das Für und Wider auf: *„Pro-Argumente: Unsere Orchester reisen häufig in die Provinz, aber selten in die Ostkantone. Der Besuch eines unserer Orchester wäre für unsere Landsleute in den Ostkantonen angenehm. Argumente dagegen: In den Ostkantonen gibt es eine sehr eigenwillige Mentalität. Wenn wir dorthin reisen würden, müssten wir uns für Eupen entscheiden. Damit würden wir die Einwohner von St. Vith und Malmedy brüskieren. Außerdem wäre ein solcher Besuch kostspielig."* Am Ende fällt die Entscheidung zugunsten einer Feier in Brüssel – im großen Sendesaal des Funkhauses. Mit anschließendem Empfang für bis zu 200 geladene Gäste, denen *„Champagner, Wein, kleine Sandwiches, Zigarren und Zigaretten"* gereicht werden sollen.

Der Festakt zum zehnjährigen Bestehen der *Sendung in deutscher Sprache* am 23. Oktober 1955 umfasst neben musikalischen Darbietungen der vereinten Rundfunkorchester unter der Leitung von Jef Verelst zwei regionale Aufführungen. Aus den Ostkantonen angereist sind hervorragende ostbelgische Sänger: die *Royale malmédienne* aus Malmedy, die St. Vither Solistin Christel Raven und das Königliche Männerquartett Eupen unter der Leitung von Willy Mommer. Auf dem Programm stehen unter anderem Werke wie die Ouvertüre zur Oper *„Oberon"* von Carl Maria von Weber, Rossinis *„Boutique Fantasque"* und *„Abendrot"* von Franz Schubert. *„Glanzvolles Galakonzert der deutschsprachigen Sendung für die Ostkantone"*, lautete am Folgetag die Schlagzeile in der Tageszeitung *GrenzEcho*. Und weiter: *„Seinen Ausklang fand das Konzert (wenige Minuten über Zeit) mit dem Vortrag der stehend angehörten Nationalhymne."* Doch viel wichtiger als die musikalischen Geburtstagsständchen dürfte der Redebeitrag von Verkehrsminister Edward Anseele Jr. (1902-1981) gewesen sein, dem zuständigen Aufsichtsminister für die Rundfunkanstalt INR/NIR. Auf Deutsch erklärt er den zahlreichen Gästen: *„Nach dem Zweiten Weltkriege galt es, die Bevölkerung der Ostkantone wieder am politischen, wirtschaftlichen und kulturellen Leben des Landes teilnehmen zu lassen. Das konnte nur in deutscher Sprache geschehen. Eine Zeitung deutscher Sprache bestand schon, doch fehlte noch eine Rundfunksendung in der Muttersprache der Bewohner."* Anseele zieht Bilanz und wagt einen hoffnungsvollen Ausblick: *„Die Sendung fand bald Anklang und gewann die Mitwirkung der Bevölkerung. Hiervon zeugen die zahlreichen Briefe, die dem Brüsseler Rundfunk dieserhalb zugehen. Im Laufe der Zeit wurde die halbe Stunde für die Ostkantone mannigfaltig ausgestaltet. Sie wird wohlmöglich noch weiter ausgedehnt werden und wohl auch eine bessere Sendezeit finden können. Persönlich werde ich mich stets für die Belange der Ostkantone einsetzen und allen Vorschlägen mein Ohr schenken, die darauf ausgehen, im Wege des Rundfunks und Fernsehens oder anderswie den Kontakt mit ihr immer enger zu gestalten."*

Angesichts ihrer Vorschläge zur Verbesserung der Sendung in deutscher Sprache und der stockenden Beratungen innerhalb des Rundfunks sind die Worte des Ministers bei Irene Janetzky gewiss nicht auf taube Ohren gestoßen. Am 10. November 1955 verfasst sie ein Dankesschreiben an den Regierungsvertreter – in französischer Sprache, wohl nicht ganz uneigennützig: *„Unsere Landsleute in den Ostkantonen haben die hohe Bedeutung der Worte, die Sie in ihrer eigenen Sprache an sie gerichtet haben, und Ihren Wunsch, dass sie immer enger in das bürgerliche und kulturelle Leben unseres Landes eingebunden werden, sehr geschätzt, was durch zahlreiche Rückmeldungen bezeugt wurde. Sie haben auch verstanden, dass es Ihnen ein Anliegen ist, die Ausweitung und den Wert unserer deutschsprachigen Sendung zu fördern."*

Einen wichtigen Etappensieg hat Irene Janetzky bereits kurz vor dem zehnten Jahrestag ihrer Sendungen errungen. Am 6. September 1955 entscheidet das Direktionsgremium des Rundfunks, sie mit einem neuen Sendekonzept für die Ostkantone zu beauftragen *„innerhalb der Budgetvorgaben vom 23. Juni 1955. Dabei ist zu berücksichtigen, dass eine Sendung von 9.30 bis 10 Uhr jeden Morgen, auch am Sonntag, ausgestrahlt werden soll, während die Abendsendung, die derzeit täglich außer sonntags stattfindet, beibehalten werden soll. Das Kollegium wird zu der gesamten Frage Stellung beziehen, sobald die von der technischen Abteilung angeforderte Stellungnahme vorliegt."*

Doch es sollte mal wieder ganz anders kommen. Wegen neuer Sparvorgaben werden die Reformpläne wenige Monate später einmal mehr auf Eis gelegt … bis Ende der 1950er Jahre.

Im Dialog mit der Weltpolitik

Es sind Jahre des Übergangs: Europa atmet nach den Kriegsjahren langsam wieder auf, Trümmer werden zu Fundamenten des Neuanfangs und inmitten von Aufbruch, Wohlstandshoffnung und neuen Ideen beginnen sich die Gesellschaften leise, aber grundlegend zu verändern. Mit dem wachsenden Optimismus steigt auch die Mobilität der Menschen: Reisen sind wieder möglich – erst zögerlich, dann mit wachsender Selbstverständlichkeit. Eisenbahn und Schiff bestimmen noch viele Wege, doch die Luftfahrt beginnt, sich als modernes Verkehrsmittel durchzusetzen. Besonders spektakulär ist die Öffnung neuer Flugrouten. Als Meilenstein gilt der erste kommerzielle Linienflug über den Nordpol: Am 15. November 1954 wagt sich die skandinavische Fluggesellschaft SAS auf die sogenannte Polarroute, die Europa und die amerikanische Westküste auf direktem Weg verbindet – ohne Umweg über New York. Diese Pionierleistung verkürzt nicht nur die Reisezeit um sechs Stunden auf jetzt 26 Stunden, sondern steht symbolisch für den technischen Fortschritt und den wachsenden Wunsch, die Welt neu zu verbinden. Die Polarverbindung Kopenhagen-Los Angeles wird von ganz unterschiedlichen, wenn auch wohlhabenden Passagieren genutzt: Filmstars auf dem Weg nach oder von Hollywood sorgen für Glamour und öffentliche Aufmerksamkeit, während amerikanische Touristen die „schnelle" Verbindung zunehmend als komfortables Tor nach Europa entdecken.

Die skandinavische Fluggesellschaft lädt Anfang 1956 gezielt Journalisten und Prominente ein, um ihre Flugverbindung zu testen und hofft überall in Europa auf erhöhte Aufmerksamkeit. Ein persönliches Einladungsschreiben landet im Frühjahr 1956 auf dem Schreibtisch von Irene Janetzky. Ihre erfolgreichen TV-Auftritte bei der *Eurovision* hatten möglicherweise Einfluss. Schließlich waren diese auch am Hauptsitz von SAS in Dänemark zu empfangen. Jedenfalls lädt die Airline Janetzky nach Los Angeles ein, um über die neuartige Flugroute zu berichten. Die Radiomacherin ist hellauf begeistert. Die Einladung empfindet sie als große Ehre – nicht nur wegen der exklusiven Reise selbst, sondern auch als Anerkennung ihrer journalistischen Arbeit über die Landesgrenzen hinaus. Für sie ist sofort klar: Diese Gelegenheit möchte sie nicht ungenutzt lassen.

Mehr als nur ein schneller Flugbericht – Janetzky plant, ihren Aufenthalt in den USA auszudehnen. Sie möchte mehrere Wochen bleiben, um Eindrücke zu sammeln, Menschen zu treffen, das Lebensgefühl vor Ort zu erfassen und eine Reihe von Reportagen für den Rundfunk zu erstellen. Am 21. April 1956 richtet sie daher einen offiziellen Antrag an die Leitung ihres Senders: Sie bittet um eine mehrwöchige Freistellung – teils dienstlich, teils während ihres Jahresurlaubs –, um die Reise im Sinne ihrer journalistischen Tätigkeit voll ausschöpfen zu können. Fünf Tage später befasst sich das Direktionsgremium des Senders mit der Anfrage und trifft folgende Entscheidung, die Janetzky per interner Post vom 11. Mai mitgeteilt wird: *„Das Kollegium stimmt diesem Antrag grundsätzlich zu und erklärt: 1) dass es eine offizielle Einladung der Fluggesellschaft erhalten muss* (...)*; 2) dass Ihnen ein tragbares Aufnahmegerät zur Verfügung gestellt werden kann und Sie verpflichtet sind, während Ihrer Reise Reportagen in französischer, englischer und deutscher Sprache für das INR zu erstellen; 3) dass, wenn Sie während Ihrer Reise mit Ihrem eigenen Material 16mm-Filme erstellen, das Fernsehen in Erwägung ziehen könnte, diese Aufnahmen für seine Sendungen zu verwenden, gegen Rückerstattung der Kosten, die Ihnen zur Erstellung dieser Filmaufnahmen entstanden wären."* Eine mündliche Zusage muss bereits früher erfolgt sein, denn bereits am 8. Mai erhält Janetzky die Zusage von SAS. In dem Schreiben heißt es: *„Wir bestätigen Ihnen, dass wir für Sie einen Platz Brüssel-Kopenhagen-Los Angeles auf unseren Flügen SK552 und SK931* (...) *für den kommenden 25. Mai reserviert haben. Wir haben auch einen Platz für Ihre Rückreise* (...) *am 28. Juni dieses Jahres reserviert. Wir freuen uns sehr, Sie an Bord begrüßen zu dürfen und wünschen Ihnen schon jetzt eine gute Reise und einen angenehmen Aufenthalt in Kalifornien."*

Die Rundfunkleitung weiß um die diplomatischen Fähigkeiten ihrer *„schönen Lady"* und verleiht der Reise einen zusätzlichen offiziellen Charakter. In knapp zwei Jahren soll die nächste Weltausstellung – die Expo 58 – in Brüssel stattfinden. Die Vorbereitungen laufen bereits auf Hochtouren. Irene Janetzky soll während ihres mehrwöchigen Aufenthalts in den USA kräftig die Werbetrommel rühren. In ihrer Ausgabe vom 30. Mai 1956 bemerkt die Zeitung *Le Soir* unter der Überschrift *„Botschafterin des Tourismus"*: *„Frau Irene Janetzky, Redakteurin beim INR, die vom Kommissariat für Tourismus mit einer Propagandamission in Kalifornien beauftragt wurde, verließ am Dienstag Melsbroek mit dem Ziel Los Angeles. Bei ihrer Abreise erhielt Frau Janetzky vom Minister für Kommunikation und dem ständigen Vertreter des Ministers beim INR eine Nachricht, in der sie ihr als ‚Botschafterin des Tourismus' und der Ausstellung 1958 viel Erfolg wünschen. Während ihres einmonatigen Aufenthalts in den USA besucht Frau Janetzky mehrere Weststaaten."*

Tatsächlich finden sich im BRF-Archiv noch heute Spuren dieser besonderen Reise: darunter ein Interview mit dem bekannten Filmproduzenten Joe Pasternak, das Janetzky zunächst in akzentfreiem Oxford-Englisch führt – professionell, charmant und souverän. Anschließend folgt eine deutsche Fassung. Pasternak, der mit Stars wie James Stewart und Marlene Dietrich arbeitete, gibt Einblicke in das Hollywood-Leben jener Jahre, spricht über seine europäische Herkunft und die Dynamik der amerikanischen Filmindustrie. Auch Gespräche mit Schauspielerin und Tänzerin Ann Miller, amerikanischen Studenten, ein Besuch beim *Belgian American Club* in Los Angeles sowie Eindrücke aus Las Vegas, wo Janetzky mit dem Besitzer einer Hotelkette spricht, sind überliefert. Die Archivaufnahmen spiegeln nicht nur die Vielfalt ihrer Reise wider, sondern auch ihren journalistischen Anspruch, den amerikanischen Alltag einzufangen – mit Neugier, Gespür und internationaler Offenheit.

Diese Reise dürfte für Janetzky die bislang schönste und eindrucksvollste Etappe ihres Berufslebens gewesen sein – eine Zeit voller Entdeckungen, neuer Eindrücke und Freiräume. 1985 fragt der damalige Chefredakteur des Belgischen Rundfunks, Peter Thomas, Irene Janetzky nach einer besonders prägenden Erinnerung ihrer Zeit beim Rundfunk. Im BRF-Interview kommt sie spontan auf die USA-Reise von 1956 zu sprechen und erinnert sich an eine Anekdote als Beispiel dafür, wie sehr man im Leben auch auf den Zufall angewiesen sei. Sie habe damals, anlässlich des ersten Polarflugs, mehrfach beim Außenministerium um ein Interview mit dem US-Lagerverantwortlichen in Grönland gebeten, wo das Flugzeug einen Zwischenstopp einlegt. Doch trotz Weiterleitung bis ins State Department, Weiße Haus und Pentagon habe sie jedes Mal eine Absage erhalten. *„Da kamen wir in Søndre Strømfjord an, und die mussten ja tanken. Wir wurden in eine kleine Baracke gebracht. Ein Hotel, Restaurant – was auch immer das war. In der Ecke sitzen drei amerikanische Soldaten. Ich gehe natürlich zu denen hin und sage: ‚Excuse me: Do you know who is the commander of the camp?'* (‚Entschuldigung: Wissen Sie, wer der Verantwortliche des Lagers ist?'). *Auf einmal steht einer auf* *und er wurde immer größer und länger und sagt: ,What do you want with the commander of the camp?'* (,Was wollen Sie vom Lagerverantwortlichen?'). *Ich antwortete: Ich bin eine belgische Journalistin und würde so gern ein Interview mit ihm machen. Er antwortete: ,Well, I am the commander of the camp. Come on.'* (,Ich bin der Lagerverantwortliche. Worauf warten Sie?'). *Ich war natürlich so erschrocken, denn ich erkannte nicht, dass das ein Kommandeur war. Dann hat er mich in die* (sic!) *Jeep gesetzt, wir haben ein Interview gemacht und sind überall rumgefahren."* So sei es ihr oft im Leben ergangen, fügt Janetzky hinzu ...

1956 ist für Irene Janetzky nicht nur das Jahr ihrer großen Amerikareise – es ist auch das Jahr, in dem ein Bild entsteht, das bis heute sinnbildlich für ihre Rolle im öffentlichen Leben steht. Im September 1956, beim Staatsempfang anlässlich der feierlichen Unterzeichnung der deutsch-belgischen Freundschaftsverträge, wird sie inmitten der politischen Elite im gotischen Saal des Brüsseler Rathauses fotografiert: an ihrer Seite der deutsche Bundeskanzler Konrad Adenauer und sein damaliger Staatssekretär Walter Hallstein, der später als erster Vorsitzender der Kommission der Europäischen Wirtschaftsgemeinschaft in die Geschichte eingehen wird. Janetzky trägt elegante Abendgarderobe, wirkt selbstbewusst und zugleich ganz in ihrem Element. Dieses ikonische Foto zeigt nicht nur ihre äußere Erscheinung – es erzählt von ihrer Fähigkeit, sich souverän in höchsten politischen Kreisen zu bewegen. Als Journalistin, Gesprächspartnerin und Brückenbauerin steht sie dort, wo sich Geschichte formt – verbindend, interessiert, präsent. Aus ihrem Gespräch mit Adenauer wird Janetzky zwei Jahrzehnte später zitieren – bei ihrer Dankesrede zur Verleihung des Bundesverdienstkreuzes am 11. Januar 1975 im Rat der deutschen Kulturgemeinschaft in Eupen: *„Er hat mir folgendes gesagt: ,Ich finde es sehr zuvorkommend von der bel-*

gischen Regierung, dass sie sofort nach Ende des Krieges eine deutschsprachige Sendung ins Leben gerufen hat.' Und dann sagte er so schmunzelnd – ich werde es nie vergessen, wie er vor mir stand: ‚Und ich wünsche von Herzen, dass diese Sendung ein schöner Stein im Bauwerk der Verständigung nicht nur zwischen Deutschland und Belgien, sondern auch Europas sein möge.' Und ich glaube, dass der Wunsch von Dr. Konrad Adenauer zum Teil in Erfüllung ging."

Die deutsch-belgischen Freundschaftsverträge von 1956

Nach Jahrzehnten geprägt von Krieg, Besatzung und Misstrauen setzten Belgien und die Bundesrepublik Deutschland im Jahr 1956 ein deutliches Zeichen der Annäherung: Am 24. September werden in Brüssel zwei bedeutende Freundschaftsverträge unterzeichnet – ein politischer Vertrag über die Grundlagen der Zusammenarbeit und ein wirtschaftliches Abkommen, das gemeinsame Interessen in Handel, Industrie und Infrastruktur regelt.

Besondere Aufmerksamkeit erhält der Besuch des deutschen Bundeskanzlers Konrad Adenauer, der persönlich nach Brüssel reist, um die Verträge gemeinsam mit dem belgischen Premierminister Achille Van Acker zu unterzeichnen. Adenauers Anwesenheit hat hohen symbolischen Wert: Der Kanzler tritt öffentlich für die Aussöhnung ein und betont den Wunsch nach einem friedlichen, partnerschaftlichen Verhältnis zu Belgien. In Anbetracht der historischen Belastung – Belgien war in beiden Weltkriegen von deutschen Truppen besetzt worden – ist dies ein politisch und emotional bedeutsamer Schritt.

Die Verträge legen die Grundlage für eine enge Kooperation in vielen Bereichen: neben wirtschaftlichem Austausch auch in Bildung, Wissenschaft, Kultur, Justiz und Verkehrsfragen. Ein zentraler Punkt ist zudem die Anerkennung der belgischen Ostkantone – Eupen, Malmedy und St. Vith –, die nach dem Ersten Weltkrieg von Deutschland an Belgien abgetreten worden waren. Die endgültige Anerkennung dieser Grenze durch die Bundesrepublik beseitigt eines der letzten strittigen Themen aus der Zwischenkriegszeit und trägt zur langfristigen Stabilität bei.

Die deutsch-belgischen Freundschaftsverträge gelten als wichtiger Schritt auf dem Weg zur europäischen Integration. Sie zeigen, dass ehemalige Kriegsgegner in der Lage sind, auf Basis gemeinsamer Interessen und in gegenseitigem Respekt eine neue Partnerschaft aufzubauen. Wenige Monate später, im März 1957, folgt mit den Römischen Verträgen die Gründung der Europäischen Wirtschaftsgemeinschaft (EWG), an der beide Länder aktiv beteiligt sind.

Die Verträge von 1956 stehen damit nicht nur für die Normalisierung der deutsch-belgischen Beziehungen, sondern auch für den politischen Wandel in Europa – von Konfrontation hin zu Zusammenarbeit und Einigung.

Kurz nach ihrem Treffen mit Bundeskanzler Konrad Adenauer erreicht Irene Janetzky eine erfreuliche Nachricht: Sie wird zur sogenannten Redaktionssekretärin befördert – ein bedeutender Karriereschritt. Ab dem 1. November 1956 ist sie nicht länger nur einfache Journalistin, sondern übernimmt offiziell die Funktion der Sendeleiterin für das Programm in deutscher Sprache. Es ist die erste formelle Anerkennung ihrer unermüdlichen Arbeit und ihres Engagements seit 1945. Gleichzeitig wird auch das Budget für freie Mitarbeiter im Jahr 1957 erhöht – ein kleiner, aber symbolischer Fortschritt für das redaktionelle Team.

Erinnerung an eine Pionierin: Im BRF-Funkhaus in Eupen würdigt eine Gedenktafel Irene Janetzky. Auch im Kulturzentrum Flagey in Brüssel erinnert seit 2014 – anlässlich ihres 100. Geburtstags – eine Tafel an die Gründerin der deutschsprachigen Sendungen.

Quelle: BRF-Archiv

Kritische Stimmen

Nach ihrer eindrucksvollen Reise in die Vereinigten Staaten hat Irene Janetzky endgültig das Reisefieber gepackt. Die Erlebnisse und Eindrücke lassen sie nicht mehr los – die Welt scheint plötzlich greifbar nah, voller Möglichkeiten und Entdeckungen. So reift in ihr der Entschluss, im Frühjahr 1957 erneut aufzubrechen – diesmal in den Fernen Osten. Mit großer Entschlossenheit plant sie eine ausgedehnte Privatreise, auf der sie zahlreiche Länder erkunden will. Um sich diesen Traum zu erfüllen, ist sie sogar bereit, ihren gesamten Jahresurlaub sowie die angehäuften Überstunden zu opfern. Wahrscheinlich, um die Reisevorbereitungen und ihren Aufenthalt im Ausland zu erleichtern, lässt sich Irene Janetzky einen Passierschein vom Außenministerium ausstellen. In dem auf den 1. März 1957 datierten Dokument ist ihre geplante Reiseroute detailliert aufgeführt: *„Hiermit wird bestätigt, dass Frau Irene Janetzky, Redakteurin des deutschen Dienstes des INR, sich zu einer Informationsreise in den Fernen Osten begeben wird. Im März und April 1957 wird sie folgende Länder besuchen: Japan, Hongkong, Philippinen, Thailand, Indien, Ägypten, Pakistan, Türkei und Griechenland. Die Direktion für kulturelle Beziehungen und Information wäre für jede Unterstützung, die Frau Janetzky von den Behörden, an die sie sich wenden könnte, erhält, sehr dankbar."*

Während ihrer Abwesenheit wird Irene Janetzky im Rundfunk vertreten, doch ihre lange Abwesenheit bleibt nicht unbemerkt. Bald macht die Runde, dass sie sich auf einer Reise am anderen Ende der Welt befindet – ein Umstand, der nicht überall auf Verständnis stößt. Kritische Stimmen werden laut, und schließlich meldet sich auch die Presse zu Wort: Am 4. Mai 1957 veröffentlicht Henri Michel, Chefredakteur des *GrenzEcho*, einen scharf formulierten Kommentar, der deutliche Kritik an Janetzky übt: *„Nachstehend (...) folgen (...) Worte berechtigter Kritik, die denjenigen beim Rundfunk und dem für denselben zuständigen Verkehrsminister zum Nachdenken und zur Überprüfung ans Herz gelegt seien, die für die Sendung für die belgischen Ostkantone verantwortlich sind."* Zunächst kritisiert Michel die Qualität der Sendungen, die sich seiner Meinung nach in den vergangenen Jahren nicht verbessert habe, obwohl inzwischen deutlich mehr Mitarbeiter im Einsatz seien. Dann bekommt Janetzky auf der Titelseite der Zeitung ihr Fett weg: *„Man wird uns vielleicht Mangel an Höflichkeit oder Galanterie vorwerfen, wenn wir diesen* Mängeln nachstehend ein wenig auf den Grund gehen und *dabei unumgänglicherweise die Feststellung machen, dass gerade diejenige Dame, der die Leitung der deutschsprachigen Sendungen vor 11 Jahren anvertraut wurde, schon seit längerer Zeit mit allen möglichen anderen Dingen und namentlich mit Reisen in alle nur denkbaren Weltteile ihre Zeit verbringt, die mit den für Ostbelgien bestimmten Sendungen nicht mehr das Geringste zu tun haben. Wie aber kann ein Leiter (oder eine Leiterin), die sich wochen- und monatelang in den USA oder im Fernen Osten aufhält und dort alle möglichen Institutionen vertritt, in dem ihr unterstellten Tätigkeitsbereich im Brüsseler Rundfunk nach dem Rechten sehen? Das ist einfach ein Ding der Unmöglichkeit, das zu vollbringen. (...) Auch nicht mit der sympathischen Stimme von Madame Janetzky..."* Gegen Ende des Kommentars folgt noch grundlegende Kritik des Zeitungsmachers am öffentlich-rechtlichen Rundfunk: *„Ganz abgesehen von der Tatsache, dass man eine Zeitung aus freien Stücken liest und nur dann zu bezahlen hat, wenn man sie bestellt oder kauft. Beim Rundfunk ist dies anders, denn ob man Brüssel 4 hört oder nicht, die Gebühren müssen entrichtet werden!"*

Der Kommentar verfehlt seine Wirkung nicht – im Gegenteil: Er schlägt im Rundfunk ein wie eine Bombe. Noch am Tag der Veröffentlichung setzt Irene Janetzky die Rundfunkleitung über den kritischen Beitrag in Kenntnis und berichtet zugleich von konkreten Gerüchten, dass das *GrenzEcho* bereits an einer weiteren Veröffentlichung arbeite.

Die Situation spitzt sich zu, und die Debatte um ihre Reise droht, politische Kreise zu erreichen. Vier Tage später ergreift schließlich Senator und Baron Pierre Nothomb, ein persönlicher Freund Janetzkys, öffentlich Partei für sie. In einem Telegramm an die Rundfunkleitung verteidigt er Irene Janetzky und ihre journalistische Arbeit mit Nachdruck – ein deutliches Zeichen der Unterstützung: *„Ich habe gerade im GrenzEcho den widerwärtigen Angriff von Herrn H. Michel auf die deutschsprachigen Sendungen gelesen, für die unsere Freundin Frau Janetzky verantwortlich ist. Ich verfolge diese Sendungen und weiß um ihren positiven Einfluss in den Ostkantonen und darüber hinaus, im gesamten Gebiet zwischen Maas und Rhein, um das ich mich kümmere, sowie in unseren deutschsprachigen Kantonen Luxemburgs. Da ich auch um die ungerechtfertigten Ressentiments des jähzornigen Direktors der Zeitung von Eupen gegenüber allen guten Dienern weiß, wollte ich Ihnen dieses Zeugnis umgehend zukommen lassen."*

Peter Thomas, ehemaliger Chefredakteur des BRF und enger Freund der beiden Janetzky-Söhne, erinnert sich an eine Anekdote, die ihm Jahre später von der Familie anvertraut wurde. Demnach war Sohn Luc über den Angriff auf seine Mutter auf der Titelseite des *GrenzEcho* derart empört, dass er kurzerhand nach Eupen fuhr. Der damals knapp 20-Jährige soll im Mai 1957 entschlossen die Redaktion betreten, direkt auf Henri Michel zugegangen und ihm – ohne ein Wort der Vorwarnung – eine schallende Ohrfeige verpasst haben. In seinen Augen hatte er damit die Ehre seiner Mutter verteidigt.

Innerhalb des Rundfunks sorgt der kritische Zeitungskommentar weiterhin für Aufregung. Der Direktor der flämischen Sendungen, Raymond Brulez, spielt den Vorfall zunächst herunter. In einer schriftlichen Note an Generaldirektor Jan Boon hält er am 8. Mai 1957 fest: „*Ich habe diesen Artikel aufmerksam gelesen und es ist bezeichnend, dass der Chefredakteur des GrenzEcho Frau Janetzky vorwirft, dass sie nach Amerika und Japan geflogen ist. Ich habe den starken Eindruck, dass es sich hierbei um eine typische Reaktion aus Neid handelt, denn im weiteren Verlauf des Artikels sind keine Einwände gegen unsere deutschen Programme zu erkennen, die durch stichhaltige Argumente untermauert wären. Unter diesen Umständen bin ich der Meinung, dass wir dieser negativen Reaktion keine übertriebene Bedeutung beimessen sollten.*" Bei dieser Einschätzung bleibt es aber nicht. Das Leitungsgremium des Rundfunks befasst sich eine Woche später mit der Angelegenheit und tadelt im Anschluss an die Sitzung sowohl Janetzky als auch ihre beiden direkten Vorgesetzten, die Leiter der französischen und flämischen Wortprogramme Hoosemans und Brulez, wie aus dem Sitzungsprotokoll vom 14. Mai 1957 hervorgeht: „*Das Kollegium ist der Ansicht, dass alles getan werden muss, um diesen Sendungen neuen Schwung zu verleihen und ihre Qualität und Effizienz so weit wie möglich zu steigern. Unter diesen Umständen macht das Kollegium die beiden Direktoren für Hörfunkprogramme darauf aufmerksam, dass die Anwesenheit der für diese Sendungen verantwortlichen Leiterin erforderlich ist, um das vom Verwaltungsrat durch die Zuweisung neuer Mittel festgelegte Ziel zu erreichen. Die Verfolgung dieses Ziels ist daher mit den langen Abwesenheitszeiten der verantwortlichen Sendeleiterin unvereinbar, und das Kollegium wird künftig solche*

Genehmigungen außerhalb des normalen Jahresurlaubs ablehnen müssen."

Auch in der Bevölkerung gibt es seit Mitte der 1950er Jahre vereinzelt kritische Stimmen rund um das deutsche Programm. Immer wieder wird moniert, dass die Sendezeit zu knapp bemessen und zu ungünstigen Uhrzeiten angesetzt sei. Und dass zu wenig Beiträge aus den Ostkantonen gesendet würden. Hinzu kommt der schlechte Empfang auf Mittelwelle, der gerade in den Randgebieten der Ostkantone für Frustration sorgt. Der Ruf nach einer UKW-Ausstrahlung wird lauter – in der Bundesrepublik sind solche Sender bereits im Einsatz und sorgen unter anderem im Raum Aachen für besten Radioempfang. Die Bundesrepublik ist dabei ein echter „UKW-Vorreiter". Das allerdings nicht ohne Zufall: Nach dem Zweiten Weltkrieg hatten die Alliierten bzw. die Internationale Fernmeldeunion ITU Deutschland nur sehr wenige und unzureichende Mittelwellenfrequenzen zugeteilt. Aus dieser Not heraus entwickelte sich ein technischer Vorsprung – man setzte früh und konsequent auf UKW, um mehr Frequenzen und besseren Empfang zu gewährleisten.

Nicht zuletzt fühlen sich einige Hörer vom Brüsseler Rundfunk kaum berücksichtigt. Besonders bitter stößt auf, dass der Staat jährlich schätzungsweise zwei Millionen belgische Franken an Radio- und Fernsehgebühren für fast 15.000 angemeldete Geräte in den Ostkantonen einnimmt, davon jedoch nur ein Bruchteil ins deutschsprachige Programm investiert wird.

KAPITEL III

Reifezeit auf Sendung

Während Belgien sich mit großem Ehrgeiz auf die Weltausstellung 1958 vorbereitet – ein Schaufenster des Fortschritts, der Völkerverständigung und des Optimismus – beginnt auch im Funkhaus am Flagey-Platz eine stille, aber folgenreiche Bewegung. Die Welt schaut auf das Brüsseler Heysel-Gelände, wo sich das monumentale Atomium als Wahrzeichen eines neuen Zeitalters im Aufbau befindet. Über 42 Millionen Besucher aus aller Welt werden zur Brüsseler Expo strömen, die erste große internationale Leistungsschau seit dem Ende des Zweiten Weltkriegs.

Auch Deutschland blickt nach vorn: In der Rundfunklandschaft kündigt sich ein technischer Wandel an. Immer mehr Senderanstalten und ihre Hörer schalten auf UKW – ein Versprechen auf deutlich besseren Empfang. Doch in Belgien ist man noch nicht so weit. Das deutschsprachige Programm aus Brüssel sendet weiter auf Mittelwelle. In den ländlichen Ostkantonen ist der Sender teilweise nur bruchstückhaft zu empfangen. Die Geduld der Hörer wird auf die Probe gestellt. Irene Janetzky befürchtet, dass viele Menschen in Ostbelgien kurzerhand auf die deutlich besser zu empfangenden Hörfunkprogramme aus der Bundesrepublik umschalten werden. Janetzkys Überzeugungskraft und Durchsetzungsvermögen ist es wohl zu verdanken, dass die Rundfunkleitung Anfang 1956 im Anschluss an das zehnjährige Bestehen der *Sendung in deutscher Sprache* aktiv wird. Die Sendeleiterin soll sich persönlich vor Ort ein Bild der Lage machen und einen vertraulichen Bericht anfertigen. Janetzky profitiert von zwei Hörfunkreportagen in Malmedy und St. Vith, um die Lage zu erkunden. Am 7. März 1956 hält sie in ihrer Bestandsaufnahme fest: *„Der Nord- und Westdeutsche Rundfunk senden auf UKW, ebenso der Südwestfunk. Die UKW-Programme sind von 6.45 Uhr* *in der Früh bis Mitternacht zu hören. (...) Sie verfügen über einen Sender in Aachen/Monschau. Der Empfang in den Ostkantonen ist von einwandfreier Qualität. Ich kann ohne Übertreibung sagen, dass 85 % der Bevölkerung regelmäßig diese deutschen Sender hören."* Anschließend geht sie auf den Inhalt der Programme im Nachbarland ein: *„In den Sendungen aus Deutschland wird in keiner Weise auf kulturelle oder andere Verbindungen hingewiesen; es gibt dort keine direkte Propaganda. Es kommt jedoch vor, dass Einwohner unserer Kantone an einen deutschen Sender schreiben und darum bitten, eine Schallplatte zu spielen – anlässlich eines Geburtstags oder eines anderen Ereignisses, das ein in Deutschland lebendes Familienmitglied betrifft. Diese Rubrik gibt es in unseren Sendungen schon seit sehr langer Zeit und sie ist sehr erfolgreich."* Abschließend macht Janetzky eine Feststellung und richtet einen dringenden Appell an die Brüsseler Rundfunkverantwortlichen: *„Es liegt auf der Hand, dass Hörer, die nur Deutsch verstehen, deutsche Sender hören. Ich kann jedoch mit Sicherheit sagen, dass um 17:20 Uhr in den meisten Haushalten der Knopf auf Brüssel IV gedreht wird. Sie wissen, dass in jeder Sendung Ereignisse erwähnt oder Namen genannt werden, die für ihre Familie oder ihr Dorf von Interesse sind. Kurz gesagt, dass es um ihre Region geht. (...) Die halbe Stunde täglich reicht nicht mehr aus. In allen Gesellschaftsschichten, die ich befragen konnte (Arbeiter, Landwirte, Angestellte, Intellektuelle, Politiker usw.), erhielt ich dieselbe Antwort: Die halbe Stunde ist überholt; mindestens eine Stunde Sendung am Stück, Abwechslung und Aktualität in den Programmen sind unverzichtbar. Unsere Einwohner und die lokalen Behörden beklagen, dass wir in den Kantonen nicht ausreichend präsent sind. Sie sind der Meinung, dass das INR bei jedem wichtigen Ereignis (Ministerbesuche, Einweihungen, Handelsmessen, große Vereinsjubiläen, Karnevalsveranstaltungen usw.) vertreten sein sollte. (...) Derzeit äußern sich die Hörer* *sehr unzufrieden über den schlechten Empfang. Ein UKW-Sender in Verviers wäre unbedingt notwendig. (...) Die seit zehn Jahren unternommenen Anstrengungen sollten noch verstärkt werden, zumal der Erfolg garantiert ist."*

Bereits Ende 1956 sprechen sich die Gremien des INR für eine Aufstockung des Personalbestands bei der *Sendung in deutscher Sprache* aus. In einer gemeinsamen Stellungnahme schreiben Generaldirektor Roger Clausse, Technikchef Fernand Mortiaux und Direktor Jan Boon am 15. Oktober 1956: *„Wir sind der Meinung, dass die Verlängerung der Sendezeit für die deutschsprachige Sendung (...) und die wünschenswerte häufigere Präsenz von Kulturpersonal in den Ostkantonen Gründe sind, die für eine Aufstockung des Kulturpersonals sprechen. Wir bitten den Ständigen Ausschuss daher, den Verwaltungsrat zu ersuchen: unserem Vorschlag zuzustimmen, die Sendezeit für deutschsprachige Sendungen durch eine halbstündige Morgensendung von 8 bis 8.30 Uhr zu verdoppeln; (...) seine Absicht zu bekunden, im kulturellen Bereich der deutschsprachigen Sendungen folgende Stellen zu schaffen: ein Redaktionssekretär sowie eine zweisprachige Schreibkraft (Französisch-Deutsch); (...) anschließend die Zustimmung des Ministers zu dieser Personalaufstockung einzuholen; (...) seine Absicht zu bekunden, bei Zustimmung des Ministers, Frau Irene Janetzky zur Redaktionssekretärin für die deutschsprachigen Sendungen zu befördern."*

Letzteres geschieht tatsächlich: Irene Janetzky wird zeitnah zur Sendeleiterin befördert. Doch auf zusätzliches Personal und längere Sendezeiten muss sie weiter warten. Es wird ganze drei Jahre dauern, ehe der Rundfunk konkrete Schritte einleitet. In den ersten Herbsttagen 1959 ist es endlich so weit: Das *Belgische Landes-Rundfunkinstitut* veröffentlicht eine Stellenanzeige

– unter anderem am 19. September in der St. Vither Zeitung. Gesucht wird ein „*deutschsprachiger Rundfunkjournalist*", der über „*weitgehende Kenntnisse der deutschen und der französischen Sprache*" verfügen muss. Zudem müssen die Kandidaten zwischen 21 und 35 Jahre alt sein und sich einem „*Stellenwettbewerb*" in Brüssel stellen. Die Einschreibegebühr beträgt 200 belgische Franken und muss vorab auf das Postscheckkonto der Sendeanstalt überwiesen werden. „*Zahlungen in bar sind nicht zugelassen*" wird in der Stellenausschreibung präzisiert. Wie viele Kandidaten sich auf den Aufruf gemeldet und wann die Prüfungen stattgefunden haben, ist nicht überliefert. Wohl aber ist der Ausgang des Wettbewerbs bekannt: Der spätere BRF-Direktor Peter Moutschen (1928-2008) aus St. Vith konnte sich durchsetzen und wurde somit zum zweiten festen Mitarbeiter der *Sendung in deutscher Sprache*.

Moutschen freut sich riesig auf die neue Aufgabe beim Rundfunk – und er lässt es Irene Janetzky wissen. In einem sehr persönlichen und emotionalen Brief zum Jahreswechsel 1959/60 bringt er seine große Dankbarkeit zum Ausdruck. Dass gerade sie ihn für diese Stelle ausgewählt hat, erfüllt ihn mit Stolz – und mit Vorfreude auf das, was nun vor ihm liegt. Der 31-Jährige war bislang als Schreibkraft bei der Stadtverwaltung St. Vith tätig. Die Zerstörung seiner Heimat durch US-Bomber an Weihnachten 1944 sowie die Schrecken der NS-Diktatur waren für ihn prägende Einschnitte. Auf seine deutsche Muttersprache ist Moutschen jedoch ebenso stolz wie auf seine belgische Staatsangehörigkeit. „*Wenn das verflossene Jahr für mich einen so guten und erfolgreichen Abschluss fand, so habe ich dies Ihrer persönlichen Fürsprache und Mühewaltung zu verdanken. In Zukunft wird mir keine Aufgabe zu schwer und keine Mühe zu groß sein, um unter Ihrer Leitung, ein fleißiger Mitarbeiter zu werden. Sie können sicher sein, dass ich Ihre wertvollen Ratschläge gerne befolgen werde. Ich glaube Ihnen dadurch am besten beweisen zu können, dass Sie Ihr Vertrauen keinem Unwürdigen geschenkt haben. Ich freue mich aus ganzem Herzen auf die gute Zusammenarbeit mit Ihnen. Es ist mein sehnlichster Wunsch, Ihnen in kürzester Zeit eine tatkräftige Stütze und Entlastung zu werden"*, schreibt Moutschen am 28. Dezember 1959 in dem mit grüner Tinte verfassten Brief. Außerdem wolle er sich rasch um ein Zimmer in Brüssel bemühen. Sein Bruder Hermann, der gelegentlich als freier Mitarbeiter für die *Sendung in deutscher Sprache* aktiv ist, werde Anfang Januar nach Brüssel fahren und die Gelegenheit nutzen, nach einer passenden Unterkunft zu suchen. Janetzky solle aber auch die Augen offen halten: *„Sollten Sie jedoch vorher ein Zimmer finden, so können Sie sofort eine feste Zusage geben und mir dies bitte mitteilen. Ich möchte aber keinesfalls, dass Sie Ihre kostbare Zeit zu sehr diesbezüglich verwenden."*

Vom Rauschen zur Resonanz

Am 2. Juli 1959 blickt ganz Belgien nach Brüssel: Prinz Albert, der jüngere Bruder von König Baudouin, heiratet die italienische Adlige Donna Paola Ruffo di Calabria – *„die wohl schönste Prinzessin des Westens"*, wie die Presse schwärmt. Die royale Hochzeit gilt als gesellschaftliches Ereignis des Jahres, über 100 internationale Journalisten sind akkreditiert. Die standesamtliche Trauung im Brüsseler Stadtschloss und die kirchliche Zeremonie in der Kathedrale St. Michael und St. Gudula werden zu einem glanzvollen Zeichen der neuen Stabilität im belgischen Königshaus.

Auch Irene Janetzky ist dabei – nicht im Festsaal, aber am Mikrofon: Für die deutschsprachige Sendung berichtet sie von den Feierlichkeiten, für ein Publikum, das mit großer Aufmerksamkeit lauscht. In den Ostkantonen sitzt man gebannt vor den Radiogeräten – eine ganze Region hört zu, fühlt mit, feiert mit. Die Radiostimme wird zum verbindenden Band zwischen Zentrum und Peripherie, zwischen höfischem Glanz und alltäglichem Leben. Kurz nach der Hochzeit erhält der Rundfunk bergeweise Hörerpost aus dem ganzen Land. Auch für das deutschsprachige Programm sind Dutzende Briefe dabei. So schreibt der St. Vither Kaufhausbesitzer Wilhelm Graf-Gath am 11. Juli 1959: *„Als regelmäßiger Hörer dieser Sendung gestatte ich mir, Ihnen mitzuteilen, dass die Reportage über die Hochzeitsfeierlichkeiten des Prinzen Albert von Lüttich und der Prinzessin Paola Ruffo di Calabria hier einen ausgezeichneten Eindruck gemacht hat. Der Empfang war bisweilen etwas gestört, aber man konnte den weltlichen und religiösen Zeremonien im Allgemeinen in ausgezeichneter Weise folgen. Es wäre wirklich wünschenswert, wenn wir öfters eine solche Direktübertragung erleben könnten. Denn es hieß vor einiger Zeit, die Sendung in deutscher Sprache würde eine Verlängerung erfahren.*

Einer seiner ersten großen Einsätze für die deutschsprachigen Sendungen: Peter Moutschen bei der Live-Übertragung der Hochzeit von König Baudouin und Fabiola am 15. Dezember 1960 in Brüssel.

Quelle: BRF-Archiv

Die hiesige Bevölkerung würde dafür recht dankbar sein." Auch aus dem Eupener Land ist eine Zuschrift überliefert. Margarete Bruder aus Astenet schreibt noch am 2. Juli, dem Tag der royalen Hochzeit: *„Sehr geehrte, liebe Frau Irene Janetzky! Es drängt mich, Ihnen und Ihren Mitarbeitern zu der sehr gut gelungenen Reportage zu gratulieren. Gleichzeitig herzlich zu danken. Die Übertragung und Reportagen waren gut zu empfangen, man wurde von der Begeisterung direkt inspiriert.* (...) *Ich glaube, nicht nur Brüssel, sondern das ganze Land, teilweise wohl auch das Ausland, nahmen Anteil an dieser Hochzeit. Möge dem jungen Paar oft der Himmel voller Geigen sein."*

So einig sich Belgien im Sommer 1959 beim royalen Hochzeitsfest zeigt, so deutlich brechen schon wenig später die alten Spannungen wieder auf. Der Sprachenstreit zwischen Flamen und Französischsprachigen flammt neu auf – mit wachsender Schärfe und politischer Konsequenz. Was mit flämischen Protestmärschen auf die Hauptstadt Brüssel 1961 beginnt, markiert den Auftakt zu einem tiefgreifenden Wandel: dem langjährigen Transformationsprozess Belgiens vom zentralistisch regierten Staat zum föderalen Gebilde. Ein erster, grundlegender Schritt erfolgt 1962: Das Land wird in vier klar definierte Sprachgebiete gegliedert: Niederländisch im Norden, Französisch im Süden, ein zweisprachiges Brüssel im Zentrum und das deutsche Sprachgebiet im Osten. Fortan ist jede belgische Kommune einem dieser Gebiete zugeordnet. Im Sommer 1963 werden die drei Sprachen – Niederländisch, Französisch und Deutsch – auch gesetzlich als offizielle Sprachen Belgiens anerkannt. Damit werden nicht nur Schulwesen und Verwaltung neu geordnet, sondern auch die Medienlandschaft.

Der Rundfunk bleibt von diesen Entwicklungen nicht unberührt. Bereits 1960 erlebt der nationale Rundfunk eine tiefgreifende Reform: Die bislang zentral organisierte Sendeanstalt INR/NIR wird in zwei eigenständige Einrichtungen aufgeteilt – eine flämische und eine französischsprachige Rundfunkanstalt. BRT und RTB arbeiten künftig getrennt. Außerdem wird per Gesetz vom 18. Mai 1960 das *Institut für Gemeinsame Dienste* gegründet, dem fortan neben Verwaltung, Rundfunkorchester und Technik auch die *Sendung in deutscher Sprache* angehören. RTB und BRT übernehmen künftig im jährlichen Wechsel die Finanzierung des deutschen Programms.

Der Belgische Rundfunk im Wandel der Zeit

Der Rundfunk in Belgien spiegelt wie kaum eine andere Institution die politischen, sprachlichen und gesellschaftlichen Umbrüche des Landes wider. Seit der Gründung der ersten nationalen Rundfunkanstalt im Jahr 1930 hat sich viel verändert: Aus einem zentral organisierten Sender wurde im Laufe der Jahrzehnte ein komplexes föderales System, das heute die kulturelle und sprachliche Vielfalt Belgiens ausdrückt.

Zunächst ist der Rundfunk eine einheitliche Institution unter dem Namen *Institut National de Radiodiffusion* (INR) beziehungsweise *Nationaal Instituut voor de Radio-Omroep* (NIR), die aus Brüssel sendet und das gesamte Land versorgen soll. Doch die zunehmenden Spannungen zwischen den Sprachgemeinschaften führen zu einem tiefgreifenden Umbau. Bereits 1937 entstehen die Abteilungen für französische und für flämische Sendungen mit jeweils eigenen Sendern. Am 18. Mai 1960 wird das INR aufgelöst und durch zwei getrennte Organisationen ersetzt: die französischsprachige *Radiodiffusion-Télévision Belge* (RTB) und die flämische *Belgische Radio en Televisie* (BRT). Die deutschsprachigen Sendungen kommen unter die Obhut des neu geschaffenen *Instituts für Gemeinsame Dienste*, allerdings sind RTB und BRT im jährlichen Wechsel für die Finanzierung zuständig. Zudem setzt der Rundfunk am 25. Januar 1961 in Eupen einen *„beratenden Kulturausschuss"* für die deutschsprachigen Sendungen ein. Dabei handelt es sich um ein Gremium, das in den Ostkantonen tagt und neben der Bürgermeisterkonferenz als eine der ersten politischen Institutionen im deutschen Sprachgebiet gewertet werden kann – mehr als zehn Jahre vor der Schaffung des Rats der deutschen Kulturgemeinschaft, dem Vorläufer des heutigen Parlaments der Deutschsprachigen Gemeinschaft. Der beratende

Ausschuss soll die *Sendungen in deutscher Sprache* begleiten. Er schlägt unter anderem die Schaffung eines Regionalstudios in Eupen vor, das am 1. Oktober 1975 in einem umgebauten Privathaus an der Hochstraße eingeweiht wird.

In den 1970er Jahren nimmt die föderale Entwicklung Belgiens weiter an Fahrt auf. Mit der ersten Staatsreform werden an Heiligabend 1970 die drei Gemeinschaften – die flämische, die französische und die deutschsprachige – geschaffen, und damit erhalten kulturelle Belange wie Bildung, Sprache und Medien eine neue verfassungsrechtliche Grundlage. Für die Rundfunkanstalten bedeutet dies eine Neuordnung ihrer Strukturen. Ab 1977 werden RTB und BRT zu eigenständigen Einheiten, die jeweils im Namen ihrer Gemeinschaft agieren. Das Gesetz vom 18. Februar 1977 sieht ebenfalls die Gründung des deutschsprachigen Belgischen Rundfunks (BRF) in Eupen vor, als öffentlich-rechtlicher Sender der Deutschsprachigen Gemeinschaft – mit eigenem Verwaltungsrat, eigenem Personal und eigenem Budget.

Aus dem französischsprachigen Rundfunk RTB wird 1977 die *Radio-Télévision Belge de la Communauté française* (RTBF). Der flämische Rundfunk BRT ändert 1991 zunächst seinen Namen in BRTN um (N für *Nederlandstalige uitzendingen* oder niederländischsprachiges Programm), bevor er 1998 seine heutige Bezeichnung VRT annimmt (*Vlaamse Radio- en Televisieomroeporganisatie*).

Plötzlich geht es spürbar aufwärts für das deutschsprachige Programm. Nach Jahren des Übergangs und der Improvisation stellt der Rundfunk nun die Weichen für eine nachhaltige Entwicklung.

Auf die Einstellung des zweiten festen Mitarbeiters Peter Moutschen folgt 1961 der lang ersehnte Ausbau der Sendezeit – ein bedeutender Schritt hin zu mehr Präsenz und Ernsthaftigkeit in der medialen Versorgung des deutschsprachigen Gebiets. Doch nicht nur personell und inhaltlich tut sich etwas: Der Rundfunk ruft in Eupen einen *„beratenden Kulturausschuss"* ins Leben, der die deutschsprachigen Sendungen begleiten, bewerten und mitgestalten soll. Dieses Gremium setzt sich aus Persönlichkeiten des politischen und gesellschaftlichen Lebens in den Ostkantonen zusammen. An der feierlichen Einsetzung des Ausschusses im Eupener Jünglingshaus am 25. Januar 1961 nimmt der christdemokratische Staatssekretär Renaat Van Elslande (1916-2000) teil, späterer Innen- und Außenminister Belgiens. Er hält – auf Deutsch – eine Grundsatzrede für die deutschsprachigen Belgier, die im BRF-Archiv erhalten ist: *„Die deutschsprachigen Sendungen sollen die gleiche Behandlung wie die französisch- und niederländischsprachigen Regionalsendungen unseres Rundfunks erfahren. Aus diesem Grunde habe ich die Schaffung eines beratenden Kulturausschusses für die deutschsprachigen Sendungen beschlossen. Diesen beratenden Kulturausschuss möchte ich heute im Rahmen dieser feierlichen Veranstaltung offiziell einsetzen. Auf Vorschlag des obersten Rats des Belgischen Rundfunks und Fernsehens habe ich folgende Herren als Mitglieder dieses Ausschusses ernannt: Herrn Agronom-Ingenieur Heinrich Cremer aus Eupen, Herrn Raymond Graf aus St. Vith, Herrn Direktor Henri Michel aus Eupen, Herrn Dr. Joseph Schmitz aus Eupen und Herrn Erni Simons aus St. Vith. Aufgrund seines Verständnisses und seiner verdienstvollen Arbeit im Dienste der deutschsprachigen Bevölkerung und der gesamten Ostkantone habe ich Herrn Dr. Joseph Schmitz zum Vorsitzenden dieses Ausschusses bestimmt. (...) Ich hoffe, dass sich durch Ihre Mitarbeit die deutschsprachigen Sendungen unseres Rundfunks zur allgemeinen Zufriedenheit* *weiterentwickeln werden. Mit der Schaffung dieses beratenden Kulturausschusses habe ich versucht, den kulturellen Belangen der hiesigen Bevölkerung gerecht zu werden. Aber, meine sehr geehrten Damen und Herren, ich weiß wohl, dass sich für die deutschsprachige Bevölkerung auf kulturellem und sprachlichem Gebiet noch manche Probleme stellen. All diese Probleme kann ich nur zu gut verstehen und ich hege die volle Zuversicht, dass selbige auch eine baldige für alle befriedigende* Lösung finden werden. *Die deutschsprachige Bevölkerung soll in unserem Lande die gleichen Rechte und Pflichten wie ihre Schwestern und Brüder in der Wallonie und in Flandern haben. Und die deutschsprachige Minderheit hat das gleiche Anrecht wie die Bevölkerung in Flandern und in der Wallonie auf einen eigenen und selbstständigen Kulturrat."*

Rückblickend ist seine Bedeutung kaum zu überschätzen: Der Eupener Kulturausschuss des Rundfunks zählt, neben der Bürgermeisterkonferenz, zu den ersten politischen Institutionen im deutschen Sprachgebiet. Und das mehr als ein Jahrzehnt, bevor 1973 mit dem Rat der deutschen Kulturgemeinschaft der Vorläufer des heutigen Parlaments der Deutschsprachigen Gemeinschaft entstand. Der Rundfunk wird damit – bewusst oder nicht – zum Motor politischer Entwicklungen in Ostbelgien. Und Sendeleiterin Irene Janetzky erhält jetzt Schützenhilfe von Format, beispielsweise um Lokalkorrespondenten anzuwerben.

Wenn der König zum Geburtstag gratuliert

Endlich geschafft: Am 1. Januar 1961 geht das deutsche Programm mit neuem Konzept auf Sendung – und mit neuer, deutlich verlängerter Sendezeit. Aus bislang 30 Minuten täglich werden nun zwei volle Stunden: von 19 bis 21 Uhr, sonntags sogar bis 22 Uhr. Es ist ein Durchbruch, auf den viele lange gewartet haben. Irene Janetzky, Peter Moutschen und das Team der freien Mitarbeiter gestalten das neue Angebot mit frischem Elan. Sie führen zahlreiche neue Sendungen und Rubriken ein, die Alltag, Kultur, Musik und Hörerinteressen aufgreifen – nahbar, vielfältig und auf die Lebenswelt der Menschen in Ostbelgien zugeschnitten.

Ein technischer Quantensprung begleitet diesen inhaltlichen Aufbruch: Das Programm wird nun über den neuen, leistungsstarken UKW-Sender *„Bol d'Air"* in Lüttich ausgestrahlt – und ist damit erstmals seit 1945 in fast allen Teilen der Ostkantone klar und zuverlässig zu empfangen. Endlich kein Rauschen mehr, kein mühsames Drehen am Regler – ganz Ostbelgien hört zu.

Das Publikum reagiert begeistert: Die Sendungen finden immer mehr Anklang, der Hörerkreis wächst, und der Rundfunk wird immer mehr zur vertrauten Stimme im Alltag. Besonders beliebt ist das Wunschkonzert am Sonntagabend, bei dem sich Hörer Platten wünschen können, die live im Radio gespielt werden. Die Resonanz ist überwältigend: Hunderte Zuschriften erreichen die Redaktion pro Sendung – nicht nur aus den Ostkantonen, sondern auch aus der benachbarten Bundesrepublik, den Niederlanden, Luxemburg und sogar aus fernen Ländern, wie Musikredakteurin Rose-Anne Demaret 1965 in einem BRT-Interview erklärt: *„Wir haben bereits Post aus dem Kongo, Kanada und Malaysia erhalten. Das sind Freunde oder Familienangehörige von Menschen* *aus den Ostkantonen, die ausgewandert sind. Die hören dann von unserem Wunschkonzert. Dann bekommen wir einen Brief, in dem sie beispielsweise schreiben: ‚Wir hörten von Ihrem wunderbaren Wunschkonzert. Wollen Sie bitte unsere liebe Oma grüßen.'"*

Die deutschsprachigen Sendungen erhalten 1961 nicht nur mehr Sendezeit, sondern auch eine neue Erkennungsmelodie: Der Eupener Musiker Willy Mommer jr. komponiert das neue Indikativ. Die An- und Absage der Sendungen erfolgt in den drei Landessprachen Französisch, Niederländisch und Deutsch. Im Zuge der bedeutenden Programmreform folgt einige Zeit später die Umbenennung von *Sendung in deutscher Sprache* in *Belgischer Hör- und Fernsehfunk* (BHF), in Anlehnung an RTB und BRT – und das, obwohl der BHF gar kein Fernsehen macht. Offen spricht damals noch niemand diesen Wunsch aus. Im Interview mit dem flämischen Rundfunk macht Moutschen jedoch 1965 deutlich, dass die Entwicklung des Programms noch nicht abgeschlossen ist. *„Wir haben noch nicht unser Ziel erreicht, denn es ist Folgendes: Wir möchten eine nochmalige Erweiterung der Sendedauer. Wir stehen heute vor dem Problem, dass wir nur wenig musikalische Sendungen in unser Programm aufnehmen können. Und zwar aus dem Grunde, weil wir sehr viel gesprochene Sendungen haben. Wir sind zum Beispiel gehindert, ein längeres Hörspiel zu bringen. Eben weil uns die nötige Sendezeit fehlt."*

In seiner Rundfunkansprache zum Nationalfeiertag 1965 sorgt König Baudouin für eine besondere Überraschung: Auf Deutsch richtet er eine persönliche Grußbotschaft an Irene Janetzky und die Hörer des deutschsprachigen Programms. Anlass ist das 20-jährige Bestehen der Sendungen – ein bewegender Moment, der nicht nur die Sendeleiterin, sondern auch das Publikum tief berührt: *„Meine lieben Mitbürger! Es ist mir eine besondere Freu-*

Ein seltener Blick zurück in die späten 1960er Jahre: Das BHF-Team mit Martha Riffon, Peter Moutschen, Rose-Anne Demaert, Hubert Jenniges und Irene Janetzky.

Quelle: BRF-Archiv

de, die Gelegenheit des 20-jährigen Bestehens der Sendungen in deutscher Sprache des Belgischen Rundfunks wahrnehmen zu können, um nicht nur die verdienstvollen Veranstalter dieser Sendungen zu beglückwünschen, sondern vor allem denjenigen unter uns meine besondere Sympathie zu bekunden, welchen in den deutschsprachigen Teilen unseres Landes das belgische Vaterland ebenso wie die deutsche Sprache am Herzen liegt."

In den Folgejahren wächst das Programm weiter – nicht nur in der Sendezeit, sondern auch in seiner thematischen Breite. Immer stärker richtet es sich auf die Interessen und Lebenswirklichkeit unterschiedlicher Hörergruppen aus. So entstehen neue Ratgebersendungen, etwa speziell für Frauen oder für Handwerker, Tipps für den Alltag oder Beiträge für Briefmarkensammler.

Einen besonderen Akzent setzen die neuen Mundartsendungen, in denen die Dialekte aus dem Eupener Land und das Eifeler Platt gepflegt und gefeiert werden. Sie machen nicht nur sprachliche Identität hörbar, sondern vermitteln Heimatgefühl – humorvoll, nahbar, mit viel Gespür für die Eigenheiten der Region. Moderator Kurt Fagnoul (1928-2009) macht gleich zu Beginn seiner ersten Sendung am 28. Juni 1966 die Unterschiede zwischen Nord und Süd in seiner Heimat Ostbelgien deutlich: *„Seit etlichen Jahren haben Sie an dieser Stelle Eupener Platt gehört. Gedichte auf Platt, die für viele von Ihnen so viel Sinn gemacht haben. Jetzt haben wir die Antenne Richtung Süden gedreht, sodass die Eupener Landsleute nun nicht mehr ihren Dialekt hören. Ich werde Ihnen in den folgenden 20 Minuten die Zeit mit unserem Platt vertreiben. Über das Platt gibt es viele Ansichten. Eins steht aber fest: Platt hat Bestand. Von Dorf zu Dorf gibt es andere Wörter und Aussprachen. Das Eupener Land gehört sprachlich gesehen zum niederfränkischen Platt, während wir im südlichen Teil des Hohen Venns von der Ripuarischen Sprache abstammen."*

Auch der Soldatenfunk, der sich gezielt an junge Männer richtet, die ihren Wehrdienst außerhalb Ostbelgiens leisten, bringt Nachrichten und Grüße aus der Heimat in die Kasernen und schafft ein Gefühl der Verbundenheit über Entfernungen hinweg.

All diese Formate entstehen im engen Austausch mit dem Publikum – viele Ideen stammen direkt von Hörern oder greifen Themen auf, die im Alltag der Menschen wichtig sind. Der BHF wird dadurch immer stärker zu einem Rundfunk *„von hier und für hier"*: ein Medium, das begleitet, berät, unterhält und verbindet. Die deutschsprachigen Sendungen entwickeln sich in dieser Zeit zu einer festen Größe im Leben vieler Menschen in Ostbelgien – vertraut, verlässlich, verwurzelt. Heimat wird hörbar ...

Ostbelgien, Ostkantone oder doch „cantons rédimés"?

Die heutige Deutschsprachige Gemeinschaft Belgiens (DG) wurde im Lauf der Geschichte unter verschiedenen Namen geführt – je nach politischem Kontext, Perspektive und Selbstverständnis. Ursprünglich spricht man von Eupen, Malmedy und St. Vith, die ab 1795 unter französischer Verwaltung stehen. Durch den Wiener Kongreß von 1815 wird das Gebiet zu den preußischen Kreisen Eupen und Malmedy. Nach dem Übergang an Belgien im Jahr 1920 kommen Begriffe wie *„Neubelgien"*, *„cantons rédimés"* (sinngemäß: wiedergewonnene oder erlöste Kantone) sowie *„Ostkantone"* auf. In Deutschland dominiert weiter die Bezeichnung *„Eupen-Malmedy"*. Nach dem Zweiten Weltkrieg setzt sich in Belgien der Begriff *„Ostkantone"* durch, insbesondere in der Verwaltungssprache. Malmedy orientiert sich zunehmend an der französischsprachigen Wallonie.

Die Menschen in Ostbelgien mochten den Begriff *„cantons rédimés"* nie, da sie ihn als wenig schmeichelhaft empfinden. Das französische Wort *„rédimé"* bedeutet so viel wie „eingelöst", „abgegolten", „erlöst" oder „freigekauft". Das erste Sendekonzept des Rundfunks INR für die *Sendung in deutscher Sprache* trägt 1945 den bezeichnenden Titel „Émission en langue allemande pour les cantons rédimés". Der Begriff sorgt immer wieder für Ärger. Das ist den Rundfunkverantwortlichen bewusst. Am 23. August 1960 beschließt das Direktionsgremium, die offizielle Bezeichnung der *Sendung in deutscher Sprache* ab sofort in *„Belgische Sendungen in deutscher Sprache"* zu ändern (Émissions belges en langue allemande/*Belgische uitzendingen in de Duitse taal*).

In den Nachrichtensendungen der RTB heißt es aber immer wieder *„cantons rédimés"* – so auch in der 13-Uhr-Ausgabe am 22. Dezember 1960. Zwei aufgebrachte Bürger aus Eupen – die Herren Brüll und Keil – beschweren sich schriftlich bei Staatssekretär Van Elslande. Am 5. Januar 1961 schreibt RTB-Direktor Robert Wangermée an seinen Regierungskommissar: *„Der von den Professoren Keil und Brüll beanstandete Text ist keineswegs eine offizielle Mitteilung des Rundfunks, sondern basiert auf einer Erklärung einer Gewerkschaftsorganisation. Ich habe die Redaktion darauf hingewiesen, dass die von der RTB verwendete Bezeichnung ‚Ostkantone' oder ‚deutschsprachige Kantone Belgiens' lautet. Es ist jedoch mit Abweichungen zu rechnen, da die Bezeichnung ‚cantons rédimés' so lange ohne abwertende Absicht verwendet wurde, dass viele Mitteilungen privater Institutionen, die nichts mit der RTB zu tun haben, diese Bezeichnung noch lange weiter verwenden werden."* Doch auch innerhalb des französischsprachigen Rundfunks kommt die Redewendung noch lange zum Einsatz. 2017 etwa nimmt Chefsprecher François de Brigode den Ausdruck in einer Live-Schalte nach Unwetterschäden im ostbelgischen Raeren gleich zwei Mal in den Mund – er entschuldigt sich später öffentlich für seine unglückliche Wortwahl.

Mit der Festlegung der Sprachgrenzen 1963 gewinnt die Bezeichnung *„deutsches Sprachgebiet"* an Bedeutung. Die Einsetzung des *„Rates der deutschen Kulturgemeinschaft"* am 23. Oktober 1973 leitet den Weg zur heutigen DG ein, die ab 1984 über eine eigene Regierung verfügt.

Während *„Deutschsprachige Gemeinschaft"* die offizielle und rechtliche Struktur beschreibt, steht der Begriff *„Ostbelgien"* seit mehr als einem halben Jahrhundert für eine moderne, offene Identitätsform.

Neue Köpfe fördern

Mitte der 1960er Jahre sind die deutschsprachigen Radiosendungen fest im Programm verankert. Irene Janetzky, die prägende Figur der Aufbaujahre, zieht sich zunehmend aus dem Tagesgeschäft zurück und widmet sich verstärkt repräsentativen Aufgaben. Gleichzeitig legt sie den Grundstein für die nächste Generation: Sie stellt neue, ambitionierte Mitarbeiter ein, führt sie behutsam in die journalistische Arbeit ein und vermittelt ihnen die Werte des öffentlich-rechtlichen Rundfunks. Mit Vertrauen und Weitblick schickt sie die jungen Reporter auf Reisen – hinaus in eine Welt, die sie verstehen und über die sie berichten sollen.

Das trifft vor allem auf den jungen Geschichtslehrer Hubert Jenniges (1934-2012) aus dem Eifeldorf Afst zu, der in den goldenen 1960er Jahren als freier Mitarbeiter im Team von Janetzky und Moutschen aktiv wird. 1969 erhält er – gemeinsam mit dem späteren BRF-Chefredakteur Peter Thomas sowie Horst Schröder – eine Festanstellung beim Rundfunk in Brüssel. Zeitgleich wird die Sendezeit ausgedehnt: Täglich kommt eine Sendestrecke von zwei Stunden am Mittag hinzu.

Janetzky sorgt dafür, dass ihr Team von nun an überall an vorderster Front mitmischt: Peter Moutschen fliegt 1964 zur Eröffnung der Weltausstellung nach New York. Am 17. April schildert er seine ersten Eindrücke in einer siebenminütigen Radioreportage im BHF: *„Morgen Vormittag, um 10 Uhr, wird die New Yorker Weltausstellung, die unter dem Motto ‚Frieden durch Verständigung' steht, ihre Pforten dem internationalen Publikum öffnen. Mehr oder weniger 100 Millionen Besucher aus aller Welt werden hier in New York erwartet. Und auch Sie sollen – wenn auch nicht direkt, wenigstens indirekt – an der größten Leistungsschau* *der Welt, wie man sie hier nennt, teilhaben. Ich möchte Sie in Gedanken mit auf die Reise nehmen und werde bemüht sein, Ihnen ein getreues Bild der Ausstellungsobjekte zu vermitteln. Die weite Reise Brüssel-New York, zu der man früher Monate brauchte, ist heute verkehrstechnisch gesehen zu einem Katzensprung geworden. Kaum acht Stunden dauert es, bis Sie im Passagierraum der schweren Düsenmaschine vernehmen: ‚Meine Damen und Herren, in wenigen Minuten landen wir in New York.* (...) *Bitte richten Sie Ihre Rücklehne wieder auf, befestigen Sie Ihren Sicherheitsgürtel und stellen Sie bis zur Ankunft am Flughafengebäude das Rauchen ein.' Mit diesem Augenblick erleben Sie auch schon die einzigartige Atmosphäre der neuen Welt. Aus dem leichten Dunstschleier über der Stadt ragen die Wolkenkratzer Manhattans empor.* (...) *In den schnurgeraden Straßen, die nach geometrischem Muster verlaufen, wird der Mensch – aus der Höhe gesehen – zur Ameise."* 1965 begleitet Moutschen das Königspaar zum Staatsbesuch nach Norwegen, 1966 nach Italien und 1968 nach Marokko. Hubert Jenniges begleitet das Staatsoberhaupt 1969 nach Finnland und 1970 in den Kongo – zehn Jahre nach der gescheiterten Entkolonialisierung.

Weltweit liegt in diesen Tagen ein Gefühl des Aufbruchs in der Luft – und auch der Rundfunk bildet da keine Ausnahme. Es sind junge, engagierte Stimmen, die frischen Wind in den ostbelgischen Äther bringen. Der BHF setzt nun verstärkt auf O-Töne, Live-Berichterstattung und gesellschaftspolitische Themen. Besonders die Frage der Kulturautonomie wird früh aufgegriffen – ein Thema, das ab 1969 auch in Ostbelgien an Fahrt aufnimmt. So bringen die *„jungen Wilden"* – allen voran Hubert Jenniges – unter Aufsicht der *„schönen Lady"* noch im selben Jahr das Nachrichtenmagazin *Aktuelles* (später *BRF-Aktuell*) auf den Weg – bis heute das journalistische Flaggschiff des Belgischen Rundfunks.

Und sie starten eine Sendereihe zur Kulturautonomie, in der sie systematisch Politiker aller belgischen Parteien zu ihren Positionen gegenüber der deutschsprachigen Minderheit befragen. Diese journalistische Initiative stößt nicht überall auf Zustimmung. Peter Thomas erinnert sich in einem „*Oral History*"-Interview aus dem Jahr 2012 mit dem Historiker Andreas Fickers etwa an einen Konflikt mit dem erfahrenen Journalisten Kurt Grünebaum. Als ein Interview mit dem flämischen Nationalisten Wim Jorissen ausgestrahlt wird, reagiert Grünebaum mit heftiger Ablehnung – aus Sorge, alte nationalistische Strömungen könnten wieder salonfähig werden: „(Jorissen) *haute natürlich gehörig auf die Pauke – sei es nur gewesen, um die Wallonen zu ärgern – und forderte volle Autonomie für die Deutschsprachigen. Kurt Grünebaum kommt ins Studio und hört das. Da war großes Theater, er bekam einen Tobsuchtsanfall, verließ das Studio und war nicht mehr in der Lage, noch ein Wort zu sagen*", erinnert sich Thomas.

Wenn ihre Redaktion unter Beschuss gerät, lässt Irene Janetzky keinen Zweifel daran, wo sie steht: stets vor ihrem Team – entschlossen, ruhig und mit der ihr eigenen *Grandezza*. Immer wieder tritt sie als resolute Verteidigerin der Meinungs- und Pressefreiheit auf. Nur einmal wird die Aufbruchsstimmung jäh getrübt – und das mit spürbaren Folgen für alle Beteiligten. Redaktionssekretär Peter Moutschen lässt sich vom Elan seiner jungen Redaktion mitreißen und äußert sich in einem Interview mit der flämischen Zeitschrift *Humo* am 13. August 1970 kritisch gegenüber jenen, die dem Ruf nach Autonomie nicht folgen. Die Reaktion folgt prompt: Der beratende Kulturausschuss beginnt, die Beiträge der jungen BHF-Journalisten noch intensiver als bisher schon mit Argusaugen zu überwachen. Dabei fällt besonders der christdemokratische Vorsitzende des Ausschusses, Dr. Joseph Schmitz (1934-2018), auf – später Erster Generalanwalt in Lüttich, der 1997 wegen Korruption festgenommen und 2001 zu fünf Jahren Haft verurteilt wird. In dieser Rolle agiert er als eine Art Hauptankläger. Am 16. September 1970 endet die Probezeit von Horst Schröder als Beamter. Eine feste Anstellung bleibt aus und er muss den BHF verlassen. Ein drastischer Schritt, der deutlich macht, wie angespannt und aufgeladen das Verhältnis zwischen Medien und Politik zu jener Zeit ist.

Trotz solcher Reibungen entwickelt sich der BHF zu einem aktiven Begleiter der Autonomiedebatte. Mitunter verlassen die Redakteure die Rolle neutraler Beobachter und tragen selbst zur Dynamik der politischen Diskussion bei. Die Historiker Andreas Fickers, Christoph Brüll und Vitus Sproten beschreiben den grundlegenden Wandel beim Brüsseler Rundfunk folgendermaßen: Bis Ende der 1960er Jahre fungierte er vor allem als Sprachrohr des belgischen Staates gegenüber den Ostkantonen. Nun entwickelt er sich zunehmend zur Stimme der deutschsprachigen Belgier innerhalb des belgischen Staates. Sproten spricht in diesem Zusammenhang von einem *„engagierten und proaktiven Beobachter der politischen Entwicklungen"*, der die gesellschaftliche Debatte um Kulturautonomie nicht nur begleitet, sondern auch mitgestaltet. Rückblickend werde dem BHF zu Recht eine wichtige Rolle in der politischen und kulturellen Selbstfindung Ostbelgiens zugeschrieben. Sendungen wie *„50 Jahre Geschichte der Ostkantone"* von 1972 und *„Der Weg der deutschen Sprachgemeinschaft zur Kulturautonomie"* von 1973 gelten als Meilensteine des regionalen Journalismus. Der BHF greift zeithistorische Themen auf, die bislang kaum ein gesellschaftlicher Akteur aufgegriffen, geschweige denn öffentlich diskutiert hat.

Anfang 1972 stoßen weitere Mitarbeiter dazu. Das Team wird um die Journalisten Rudi Klinkenberg, Paul Maraite und Hans Engels sowie um die Sprecher Sigrid Dollendorf und Albert Schoenauen erweitert. Auch sie lernen Irene Janetzky noch persönlich kennen und erhalten – wie ihre Kollegen drei Jahre zuvor – eine ebenso sorgfältige Einführung in die Welt des öffentlich-rechtlichen Hörfunks. Am 1. April 1972 erweitert der BHF erneut sein Programm und führt die lang erwartete Morgensendung ein – die wichtigste Sendezeit im Hörfunk. Von nun an berichtet der Sender auch werktags zwischen 6.30 und 9 Uhr und schließt damit eine entscheidende Lücke in der Informationsversorgung Ostbelgiens. Vor gut zwei Jahrzehnten war von einer solchen Sendung für die Ostkantone erstmals die Rede gewesen.

Am Vortag der Einführung der neuen Sendestrecke ist Redaktionssekretär Peter Moutschen zu Gast in der Sendung *Aktuelles* und erklärt den Hörern, worauf die Redaktion in der Früh den Fokus legen wird: *„Der morgendliche Hörerkreis ist bestimmt nicht erpicht, mit einem großen Redeschwall übergossen zu werden. So haben wir unser Morgenprogramm vor allem der leichten Unterhaltungsmusik vorbehalten. Weitere Schwerpunkte sind natürlich Nachrichten, die Presseschau und Wetterberichte.* (...) *Es ist auch klar, dass wenn man morgens rechtzeitig am Arbeitsplatz erscheinen will, die laufende Angabe der richtigen Uhrzeit vonnöten ist. Wir werden jeweils nach ungefähr zwei Schallplatten eine Zeitansage bringen. Ein Hauptgrund zur Einführung der Morgensendung war aber gewiss die Tatsache, dass unserem Hörerkreis kein vollständiges Tagesbild der belgischen Information gegeben werden konnte. Bisher musste unser deutschsprachiger Hörer bis 12.30 Uhr warten, ehe er mit den Inlandsgeschehnissen vertraut gemacht wurde. Die Folge davon war, dass der Belgier deutscher Sprache zwangsläufig seine Nachrichten in den Morgenstunden von Auslandssendern beziehen musste. Diese Lücke konnte jetzt endlich geschlossen werden."*

Eine weitere Entwicklung wirft bereits ihre Schatten voraus: eine Fernsehsendung für die Ostkantone. Noch ist die Zeit dafür nicht reif, aber Moutschen macht deutlich, dass sowohl die Rundfunkleitung als auch der beratende Kulturausschuss damit befasst sind: „*Zurzeit haben wir keine Fernsehsendungen. Aber auch mit einer Fernsehsendung für unser deutschsprachiges Gebiet ist in den nächsten Jahren gewiss zu rechnen. Keineswegs mit einer täglichen Fernsehsendung. Ich persönlich denke vielmehr an eine halbe Stunde pro Woche* (...). *Nicht, dass ich unseren deutschsprachigen Bürgern eine Tagessendung nicht gönnen würde, aber ich kenne die Kosten einer Fernsehsendung. Eine konkurrenzfähige Sendung beim Fernsehen kostet rund 25.000 Franken pro Sendeminute.* (...) *Bei einem Tagesprogramm von nur einer Stunde würden pro Jahr über 500 Millionen Franken benötigt. Man soll sich deshalb keinen Illusionen hingeben. Ich kann den Hörern beim besten Willen keine Hoffnungen machen, die nicht verwirklicht werden können.*"

Es wird weitere 20 Jahre dauern, bis der BRF regelmäßig TV-Sendungen produziert.

Zwischen Hauptstadt und Heimat: ein Abschied mit Gewicht

Irene Janetzky ist bestens vernetzt – weit über den Belgischen Rundfunk hinaus. Als Radiopionierin und engagierte Frau zählt ihre Stimme, auch wenn sie sich Anfang der 1970er Jahre zunehmend aus dem Alltag des Sendebetriebs verabschiedet. Nach fast drei Jahrzehnten unermüdlicher Arbeit ist die Luft raus, das Land verändert sich rasant – zu schnell, wie es ihr scheint. Zwar erkennt sie die Bedeutung der regionalen Autonomiebewegung an, doch zugleich fürchtet sie die Verlagerung des politischen Zentrums nach Eupen – und mit ihr den möglichen Verlust ihrer vertrauten Sendeheimat in Brüssel. Als elegante, mondäne *„Grande Dame"* genießt sie ihren Einfluss in der Hauptstadt und weiß ihn klug einzusetzen: Mit Charme und Überzeugungskraft gewinnt sie selbst Spitzenpolitiker für ihre Anliegen.

Janetzky ist Mitbegründerin des *Rings deutschsprachiger Sendungen*, der ab 1967 den internationalen Programmaustausch unter öffentlich-rechtlichen Rundfunkanstalten im deutschsprachigen Raum fördert. Zudem engagiert sie sich in der *International Association of Women in Radio and Television*, einem Netzwerk von Medienschaffenden, das sich für Bildung, grenzüberschreitenden Dialog und den Wiederaufbau Europas einsetzt. In dieser Vereinigung finden sich Redakteurinnen aus aller Welt zusammen – Frauen, die in ihren Sendungen informieren, bilden und verbinden wollen. Inmitten dieser visionären Gemeinschaft ist Janetzky in ihrem Element: eng verbunden mit wichtigen Kreisen, klar in der Haltung und stilvoll bis zum Schluss.

Doch während Janetzky in Brüssel ihre Netzwerke pflegt und den internationalen Austausch vorantreibt, zeichnet sich in den

Würdigung auf internationalem Parkett: Irene Janetzky wird 1973 in Brüssel von Botschafter Kurt Farbowsky mit dem Großen Silbernen Ehrenzeichen für Verdienste um die Republik Österreich ausgezeichnet.

Quelle: BRF-Archiv

Ostkantonen ein grundlegender Kurswechsel ab. Der beratende Kulturausschuss, der dort tagt, und eine neue Generation engagierter Redakteure – allen voran der spätere Chefredakteur Peter Thomas und der spätere Direktor Hans Engels – drängen auf eine Verlagerung des BHF-Schwerpunkts nach Eupen, näher an die Hörer. Sie wollen senden, wo die Autonomie entsteht, wo das Belgien von morgen geformt wird.

Janetzky hatte diese Entwicklung früh erahnt: Bereits 1968 spricht sie sich in einer Note an den Kulturausschuss dafür aus, Brüssel als zentralen Sendestandort beizubehalten – ein Plädoyer für Kontinuität inmitten politischer Umbrüche. Eine Abschrift hat sie in ihrer persönlichen Sammlung aufbewahrt: *„Warum muss Brüssel das Zentrum der Sendungen in deutscher Sprache* *bleiben? Um diese Frage zu beantworten, muss zunächst bemerkt werden, dass die Sendungen in deutscher Sprache nicht als Regionalsendungen angesehen werden dürfen, sondern vor allen Dingen und in der Hauptsache als nationale Sendungen, da Deutsch die dritte Landessprache ist."* Das fange bereits bei den Nachrichten an, die völlig anders gestaltet würden als auf den flämischen und wallonischen Regionalwellen von BRT und RTB: *„Hier muss betont werden, dass die Regionalsender sämtliche Nachrichten der Nationalsender übertragen, von denen sie auch die allgemeinen Meldungen übernehmen. Im Gegensatz dazu sind die Sendungen in deutscher Sprache vollkommen autonom, und sie arbeiten ihre Nachrichtenbulletins selber aus. Die Tatsache beweist aufs Eindringlichste, dass sie die Aufgabe eines Nationalsenders und nicht eines Regionalprogramms erfüllen."* Dann hebt Janetzky die strategisch wichtige Rolle des Hauptstadt-Standorts hervor: *„Die aktuellen Sendungen aus Brüssel sind von allergrößter Bedeutung für die deutschsprachigen Hörer. Sie stellen die einzige tägliche Verbindung zwischen unserer Hauptstadt und den Ostkantonen dar. Nur von Brüssel aus ist es möglich, in allerkürzester Frist über nationale Ereignisse, die im Rahmen der deutschsprachigen Sendungen stets absoluten Vorrang genießen, Bericht zu erstatten. Brüssel ist nicht nur allein die Hauptstadt unseres Landes, sondern auch die Hauptstadt Europas. Brüssel ist Sitz der NATO und gleichzeitig Sitz der Regierung, des Parlaments und zahlreicher öffentlicher sowie privater Gesellschaften und Institutionen. Von großer Bedeutung ist auch die Tatsache, dass alle wichtigen Pressekonferenzen in Brüssel stattfinden."* Dann führt die erfahrene Sendeleiterin noch ein konkretes Beispiel an: *„Für den Fall des plötzlichen Todes einer weltberühmten Persönlichkeit stehen uns in Brüssel sofort ausgezeichnete Dokumentar- und Klangarchive zur Verfügung (die es in keinem Regionalstudio gibt) und wir sind somit in der Lage, allerschnellstens ein ‚in memoriam'* *zu improvisieren. Im Übrigen bedienen wir uns auch der Direktübertragungen, die bei solchen Gelegenheiten aus dem Ausland ausgestrahlt werden. Also auch für diese Reportagen muss betont werden, dass die Sendungen in deutscher Sprache als Sendungen mit nationalem Charakter zu betrachten sind."*

Und so lautet Irene Janetzkys Schlussfolgerung: *„Die Errichtung eines Regionalstudios von geringerer Bedeutung in den Ostkantonen lässt sich rechtfertigen, wenn es sich darum handelt, die Qualität der regionalen Sendungen zu verbessern; und dieses Ziel ließe sich ohne allzu hohe Kosten erreichen. Die Tatsache, den Hauptsitz und vor allem den Nachrichtendienst in die Ostkantone zu verlegen, würde für das Programm der deutschsprachigen Sendungen einen Rückschritt und eine ernste Zurücksetzung bedeuten."* Die Frau, die einst im ostbelgischen Malmedy aufgewachsen war, äußert sich schließlich abfällig und das sogar in Druckbuchstaben – ganz im Stil der weltgewandten Dame, zu der sie sich auf dem Brüsseler Parkett entwickelt hat: *„Die Tatsache, dass die Sendungen in deutscher Sprache von der Hauptstadt ins 'HINTERLAND' verlegt werden, käme der Aufgabe eines wirksamen nationalen Nachrichtendienstes gleich, der den Sendungen in deutscher Sprache seine vornehmste Existenzberechtigung verleiht. Die seit 23 Jahren geleistete konstruktive Arbeit* (...) wäre infolgedessen zunichte gemacht." Abschließend schlägt Janetzky vor, in Eupen ein *„kleines Studio zur Verwirklichung von Sendungen mit Regionalcharakter in den Ostkantonen"* zu errichten, der Hauptsitz solle aber Brüssel bleiben.

Als Irene Janetzky Ende Mai 1974 nach 29 Jahren im Dienst des Belgischen Rundfunks in den Ruhestand tritt, laufen die Planungen für ein Regionalstudio in Eupen bereits auf Hochtouren – zunächst ganz in ihrem Sinne: gedacht als Ergänzung für regionale

Inhalte und Produktionen. Doch die Entwicklung nimmt schnell eine andere Richtung.

Zunächst wider Willen greift ihr Nachfolger Peter Moutschen die Dynamik auf. Das Regionalstudio an der Eupener Hochstraße wird am 1. Oktober 1975 eingeweiht. Auf Anordnung des Rats der deutschen Kulturgemeinschaft entsteht am 22. November 1977 das *Belgische Rundfunk- und Fernsehzentrum für deutschsprachige Sendungen* (BRF) – im Herzen der Region, über die berichtet wird. 1979 erfolgt der vollständige Umzug nach Eupen. In Brüssel bleibt lediglich das kleine Team des Hauptstadtstudios zurück. Unter Moutschens Leitung entwickelt sich das Programm rasant weiter: Aus einem ursprünglich auf wenige Sendeblöcke verteilten Angebot entsteht ein ganztägig empfangbares Vollprogramm in deutscher Sprache. Damit beginnt eine neue Ära – mit Eupen als Zentrum des deutschsprachigen Rundfunks in Belgien.

Im Anschluss an einen besonderen Konzertabend im großen Sendesaal des Funkhauses am Brüsseler Flagey-Platz wird Irene Janetzky am 11. Mai 1974 feierlich verabschiedet. Zu diesem Anlass hatten die *Allgemeinen Unterhaltungsabteilungen deutschsprachiger Sendungen* geladen, zu denen auch der BHF gehört. Auf der Bühne präsentieren sich an diesem Abend bekannte Künstler wie Felicia Weathers, Katja Ebstein, Horst Jankowski, Peter Cornelius und Bibi Johns, die vom berühmten Orchester Kurt Edelhagen begleitet werden. Das *GrenzEcho* bezeichnet den erfolgreichen Showabend in seiner Ausgabe vom 13. Mai 1974 als den *„Höhepunkt in der Geschichte der deutschsprachigen Sendungen des BHF"*. Der anschließende Empfang findet im ehrwürdigen Sendesaal 1 statt – genau an jenem Ort, an dem am 1. Oktober 1945 alles begonnen hatte. Zahlreiche Kollegen und langjährige Weggefährten aus allen drei Sprachgemeinschaften

Belgiens sind anwesend, um Janetzky zu ehren. In ihren Ansprachen würdigen sie ihre mühevolle Aufbauarbeit, ihr Durchsetzungsvermögen und ihre unermüdliche Leidenschaft für den öffentlich-rechtlichen Rundfunk.

Irene Janetzky selbst verabschiedet sich mit einigen persönlichen Worten und Zitaten. Sie beginne ihren Ruhestand, so sagt sie, in glücklicher Haltung – im Sinne eines Spruchs, den sie einst auf einem Poster in den USA entdeckte und der dem damaligen Primas der belgischen Katholiken, Kardinal Léon-Joseph Suenens (1904-1996), zugeschrieben wird: *„Glücklich jene, die nicht nur Wunschträume hegen, sondern sie auch verwirklichen."* Ihre jahrzehntelange Arbeit vergleicht sie mit einem Schiff, das *„trotz manch hohen Wellengangs und orkanartiger Gewitter"* stets seinen Kurs gehalten habe. Sie zeigt sich zuversichtlich, dass ihre Nachfolger das Werk mit Herz, Kompetenz und Verantwortungsbewusstsein weiterführen werden – und wünscht dem *„Schiff"* eine gute Weiterfahrt auf hoffentlich ruhiger See. Zum Abschluss brandet minutenlanger Applaus auf – ein hörbares Zeichen. Laut in der Geste, leise im Gefühl: ein Ausdruck tief empfundener Dankbarkeit für eine Pionierin des Rundfunks, deren Kurs Spuren hinterlassen hat.

Auch nach ihrer Pensionierung bleibt Janetzky Brüssel eng verbunden. Sie verlebt ihren Lebensabend in der Hauptstadt, reist weiterhin viel und verbringt regelmäßig Zeit an der belgischen Küste. Für ihre herausragenden Verdienste um den deutschsprachigen Rundfunk wird sie vielfach geehrt, unter anderem mit dem österreichischen Ehrenkreuz (1973) und dem deutschen Bundesverdienstkreuz Erster Klasse, das ihr im Januar 1975 im Sitzungssaal des Rats der deutschen Kulturgemeinschaft am Kaperberg in Eupen verliehen wird.

Irene Janetzky stirbt am 19. Juli 2005 im Alter von 91 Jahren in Brüssel. Ihre letzte Ruhestätte findet sie in Ostbelgien. Auf dem Friedhof von St. Vith wird sie im Familiengrab ihres Stiefvaters Bernhard Willems beigesetzt, der als Nestor der ostbelgischen Heimatgeschichte gilt. Ein symbolischer Kreis schließt sich.

Ein Blick voller Nähe: Irene Janetzky und ihr ältester Sohn Guy Vanhaeverbeke beim Empfang anlässlich ihrer Verabschiedung als Sendeleiterin in Brüssel am 11. Mai 1974..

Quelle: BRF-Archiv

SCHLUSSGEDANKEN

Eine Stimme, die bleibt

Irene Janetzky war mehr als die erste Stimme des deutschsprachigen Rundfunks in Belgien – sie war eine Pionierin, eine Wegbereiterin, eine Frau mit Format. Es ist ihrem unermüdlichen Einsatz zu verdanken, dass die deutsche Sprache nach dem Zweiten Weltkrieg überhaupt im politischen Brüssel überlebt hat. In einer Zeit, in der Sprachrechte, kulturelle Identität und politische Anerkennung für die Ostkantone alles andere als selbstverständlich waren, kämpfte Janetzky mit Haltung und Beharrlichkeit – am Mikrofon ebenso wie hinter den Kulissen.

Dabei war sie keine Frau der großen Gesten, sondern der leisen, klugen Überzeugungskraft. Mit Charme, Ausstrahlung und einem sicheren Gespür für Wirkung verstand sie es, sich in einer von Männern dominierten Welt durchzusetzen. Als *„Grande Dame"* des Rundfunks wusste sie Türen zu öffnen, Gesprächspartner zu gewinnen und Projekte auf den Weg zu bringen. Ihr Erscheinungsbild – gepflegt, selbstbewusst, stets präsent – war Teil ihrer Strategie, in der Öffentlichkeit als ebenbürtige Partnerin wahrgenommen zu werden. Sie wusste viele einflussreiche Persönlichkeiten für sich und ihre Sache zu gewinnen.

Doch ihr Weg war nicht frei von Rückschlägen. Als Frau in leitender Position und als Vertreterin einer Minderheit hatte sie viele Hürden zu überwinden. Sie war nicht nur Pionierin, sondern auch Projektionsfläche – für Erwartungen, Zweifel, Neid und Missgunst. Ihre berufliche Rolle verlangte ihr viel ab: Verantwortung, Dauerpräsenz, Kompromissfähigkeit. Immer wieder trugen äußere Spannungen und persönliche Belastungen dazu bei, dass sie sich vorübergehend zurückziehen musste.

Janetzky war keine große Journalistin im klassischen Sinn. Ihre Berichterstattung blieb oft konventionell, ihre Themenwahl unauffällig. Doch sie war eine Verfechterin des öffentlich-rechtlichen Rundfunkgedankens im besten Sinne: unabhängig, verantwortungsvoll, bildend. Sie verteidigte ihre Redaktion mit Nachdruck, stellte sich schützend vor ihre Mitarbeiter – und parierte öffentliche Kritik mit jener *Grandezza*, die sie so unverwechselbar machte. Und gerade heute, wo der öffentlich-rechtliche Rundfunk vielerorts in Europa unter Druck steht, wirkt ihr Einsatz wie eine Mahnung: Freie und unabhängige Medien sind aktuell so notwendig wie selten zuvor – auch in einer kleinen Gemeinschaft. Das wusste sie schon damals und ihr Kampf reicht bin in unsere Zeit hinein.

Nicht zu unterschätzen ist auch ihr öffentliches Wirken über Belgien hinaus: Sie war als eine der ersten Frauen im Fernsehen präsent, reiste viel, traf Persönlichkeiten des politischen und kulturellen Lebens und war international vernetzt. Eine leise Diplomatin des Rundfunks.

In diesem Zusammenhang tauchten schon zu Lebzeiten Irene Janetzkys Gerüchte über eine besondere Nähe zu einflussreichen Persönlichkeiten der belgischen Politik auf. Genannt wird dabei Paul Struye, eine der prägenden Figuren der flämischen Christdemokraten in der Nachkriegszeit. Struye (1896-1974), Jurist, Justizminister in den späten 1940er Jahren und langjähriger Präsident des belgischen Senats, galt als ebenso machtbewusst wie prinzipientreu. Er setzte sich früh für die Aussetzung und spätere Abschaffung der Todesstrafe ein und gehörte über Jahrzehnte hinweg zum inneren Machtzirkel des Landes. Ob Irene Janetzky mit ihm eine enge Freundschaft oder mehr verband, lässt sich heute nicht mehr klären. Belastbare Quellen existieren nicht, mehr als Hinweise aus dem mündlichen Gedächtnis der Zeit sind nicht überliefert. Unabhängig davon ist eines entscheidend: Janetzkys Stellung, ihr Zugang zu höchsten politischen Kreisen und ihr Einfluss lassen sich nicht auf persönliche Nähe reduzieren. Sie beruhten vor allem auf ihrer Präsenz, ihrer Professionalität und ihrer Fähigkeit, Vertrauen zu gewinnen. Wenn sie Türen öffnen konnte, dann nicht, weil sie jemandes Begleitung war – sondern weil sie als Gesprächspartnerin ernst genommen wurde.

Heute ist Irene Janetzky weitgehend in Vergessenheit geraten – zu Unrecht. Ihr Name taucht selten auf, wenn die Geschichte Ostbelgiens erzählt wird. Dabei gehört sie zweifellos in eine *„Hall of Fame"* bedeutender Persönlichkeiten dieser Region. Ohne ihren frühen, mutigen Einsatz wäre der Weg zur heutigen Autonomie der Deutschsprachigen Gemeinschaft vielleicht steiniger, langwieriger oder gar unmöglich gewesen.

Gerade in einer Zeit, in der Europa erneut mit Unsicherheiten ringt – politisch, gesellschaftlich, kulturell –, gewinnt Irene Janetzkys Wirken eine stille Aktualität. Sie arbeitete nicht mit Programmen oder Parolen, sondern mit Stimme und Haltung. Sie verband Sprachen, Räume und Mentalitäten in einem Kontinent, dessen Einheit nie selbstverständlich war. Ihre Art, Brücken zu schlagen, war unaufdringlich, aber dauerhaft: nicht durch große Worte, sondern durch Verlässlichkeit. Vielleicht liegt gerade darin das Visionäre ihres Wirkens. In der Überzeugung, dass Europa nicht durch Beschlüsse allein entsteht, sondern durch gelebte Verständigung im Alltag.

Sie war eine Frau zwischen zwei Welten: verwurzelt in Ostbelgien, zu Hause in Brüssel; kämpferisch und doch verletzlich; traditionsbewusst und zugleich visionär. Ihre Geschichte ist auch ein Stück belgische Rundfunkgeschichte – und eine Erinnerung daran, dass es manchmal nur eine Stimme ist, die eine ganze Gemeinschaft hörbar macht.

ZEITLEISTE

Irene Janetzky – Leben und Werk in Daten

1914 (13. Mai)
Geburt von Irene Janetzky in Duisburg.

1914–1918
Tod ihres Vaters im Ersten Weltkrieg.

1919
Eupen-Malmedy wird durch den Versailler Vertrag Teil Belgiens.

1920er Jahre
Kindheit und Jugend in Malmedy, geprägt durch Stiefvater Bernhard Willems.

1930er Jahre
Sprachliche Ausbildung und Auslandsaufenthalte in England und Italien.
Heirat mit dem flämischen Gendarmerieoffizier François Vanhaeverbeke.

1940–1944
Zeit der deutschen Besatzung Belgiens.
Janetzky hört regelmäßig BBC-Sendungen – prägend für ihr journalistisches Selbstverständnis.

1945 (6. August)
Bewerbung beim Belgischen Rundfunk in Brüssel.

1945 (1. Oktober)
Erste Sendung in deutscher Sprache des Belgischen Rundfunks.
Irene Janetzky wird erste Stimme des deutschsprachigen Programms.

1945–1950
Aufbau der deutschsprachigen Sendungen in Brüssel als faktische One-Woman-Redaktion.

1948
Einführung des Frauenwahlrechts in Belgien.
Die Abschaffung der „ehelichen Macht" erfolgt erst 1958.

1950er Jahre
Zunehmende Hörerbindung und wachsende politische Anerkennung der Sendungen.
Janetzky und ihr kleines Team etablieren sich als zentrale Figur der deutschsprachigen Medienarbeit.

1956 (24. September)
Unterzeichnung der deutsch-belgischen Freundschaftsverträge in Brüssel.

1960
Reform des Belgischen Rundfunks: Auflösung von INR/NIR, Gründung von RTB (französisch) und BRT (flämisch). Die deutschsprachigen Sendungen kommen unter die Aufsicht des Instituts für Gemeinsame Dienste.

1961
Mehr Sendezeit und Einrichtung eines beratenden Kulturausschusses für die deutschsprachigen Sendungen in Eupen – frühe politische Institution im deutschen Sprachgebiet.

1963
Gesetzliche Festlegung der vier Sprachgebiete Belgiens. Deutsch wird offiziell als dritte Landessprache anerkannt.

1965
Fernsehbeitrag der BRT über die deutschsprachigen Sendungen – wachsende Sichtbarkeit über Ostbelgien hinaus.

1974 (11. Mai)
Verabschiedung Janetzkys als Sendeleiterin der deutschsprachigen Sendungen in Brüssel.

1973–1984
Schrittweise politische Institutionalisierung der Deutschsprachigen Gemeinschaft:
1973 – Rat der deutschen Kulturgemeinschaft;
1984 – eigene Regierung.

1975 (1. Oktober)
Eröffnung eines Regionalstudios in Eupen.

1977 (18. Februar)
Gründung des autonomen BRF als öffentlich-rechtliche Rundfunkanstalt der Deutschsprachigen Gemeinschaft Belgiens.

1995 (1. Oktober)
Eröffnung des neuen BRF-Funkhauses am Kehrweg in Eupen – in Anwesenheit von Irene Janetzky.

2004
Offizielle Feierstunde des BRF anlässlich des 90. Geburtstags von Irene Janetzky im ehemaligen Funkhaus Flagey in Brüssel.

2005 (19. Juli)
Irene Janetzky verstirbt im Alter von 91 Jahren in Brüssel.

2014
Gedenktafel für Irene Janetzky im Kulturzentrum Flagey in Brüssel (100. Geburtstag).

Heute
Irene Janetzky gilt als Begründerin des öffentlich-rechtlichen Rundfunks in deutscher Sprache in Belgien – und als Wegbereiterin der politischen Sichtbarkeit Ostbelgiens.

KOMMENTIERTES QUELLENVERZEICHNIS

Für die vorliegende Biografie wurden zahlreiche Quellen herangezogen. Um einen flüssigen und leserfreundlichen Text zu ermöglichen, hat der Autor im Rahmen dieser nicht-wissenschaftlichen Publikation bewusst auf Fußnoten und Quellenangaben im Fließtext verzichtet. Stattdessen werden Zitate und Aussagen stets mit klaren Angaben zum Ursprung versehen (z. B. durch Nennung von Datum, Dokumentenart oder Publikationsort). Diese Hinweise ermöglichen eine Nachvollziehbarkeit der Informationen, ohne den Textfluss zu unterbrechen.

ZITIERWEISE UND ÜBERSETZUNG

Zitate aus französisch- oder niederländischsprachigen Quellen wurden vom Autor frei ins Deutsche übertragen. Ziel war hierbei eine sinngemäße, dem historischen Kontext entsprechende Wiedergabe. In den allermeisten Fällen handelt es sich um eine wörtliche Übersetzung. Deutsche Quellen wurden wortgetreu übernommen. Abweichungen oder Anpassungen (z. B. zur besseren Lesbarkeit) sind im Text durch entsprechende Hinweise gekennzeichnet.

HAUPTQUELLEN

Die Hauptquellen dieser Biografie bilden Archivbestände verschiedener Rundfunkanstalten – insbesondere des Belgischen Rundfunks (BRF), der RTB, der BRT, des Instituts für Gemeinsame Dienste ISC/IGD sowie die private Sammlung Janetzky. Hinzu kommen zahlreiche Materialien aus den Audio-, Video- und Online-Archiven des BRF, den Archiven belgischer Tageszeitungen sowie Gespräche des Autors mit Zeitzeugen.

ARCHIVMATERIALIEN

STAATSARCHIV IN EUPEN, *Archivbestand Belgischer Rundfunk (BRF) (1945-2017)*: insbesondere die Rubrik „*Vorakten*" (*Sendungen von ELA und BHF, Organisation des Sendebetriebs von ELA und BRF, Handakten der Journalistin Irene Janetzky und Beratender Kulturausschuss der ELA*) mit den Inventarnummern 403, 451, 707-711, 857, 898, 900-925, 1076-1077, 1111, 1225-1228, 1273 und 1418.

STAATSARCHIV IN EUPEN, *Archivbestand Janetzky, Irene (1946-1974)*.

GENERALSTAATSARCHIV IN BRÜSSEL, *Archief van de Belgische Radio en Televisie. Institut van de Nederlandse uitzendingen en rechtsvoorgangers (BRT INU) (1931-1973)*: insbesondere die Inventarnummern 213-214, 256, 516, 657, 850 und 1159.

GENERALSTAATSARCHIV IN BRÜSSEL, A*rchives de la Radiodiffusion Télévision belge (RTB). Insitut des émissions françaises (RTB IEF) (1925-1985)*: insbesondere die Inventarnummern 53-54, 111, 497, 503, 1738, 2331-2333 und 4992.

GENERALSTAATSARCHIV IN BRÜSSEL, *Archief van de Belgische Radio en Televisie. Instituut van de Gemeenschappelijke Diensten en rechtsvoorgangers (IGD) (1931-1978)*: insbesondere die Inventarnummer 3208.

ARCHIVE VON MEDIENHÄUSERN

BELGA, Brüssel: insbesondere Nachrichtenmeldungen vom 23. April 1954.

BELGISCHES RUNDFUNK- UND FERNSEHZENTRUM DER DEUTSCHSPRACHIGEN GEMEINSCHAFT (BRF), Eupen: zahlreiche Beiträge und Interviews aus den Audio-, Video- und Online-Archiven von 1945 bis heute.

FLIEGENDE TAUBE, DIE, Aubel: insbesondere die Ausgabe vom 26. Mai 1945.

GRENZ-ECHO, Eupen: insbesondere die Ausgaben vom 15. und 19. Mai 1945, 23. November 1945, 24. Oktober 1955, 4. Mai 1957 und 13. Mai 1974.

LA LIBRE BELGIQUE, Brüssel: insbesondere die Ausgabe vom 12. Februar 1949.

LE SOIR, Brüssel: insbesondere die Ausgaben vom 13. Februar 1949, 27. Juni 1954, 30. Dezember 1954 und 30. Mai 1956.

SONUMA, Brüssel: insbesondere das gemeinsame Online-Projekt von SONUMA, CEGESOMA, RTBF und Flaygey „*La guerre des ondes*" von 2023, laguerredesondes.be.

ST. VITHER ZEITUNG, St. Vith: insbesondere die Ausgabe vom 19. September 1959.

VRT ARCHIEF, Brüssel: insbesondere Fernsehbeitrag von 9. Oktober 1965 zu den *Sendungen in deutscher Sprache des BHF* aus der BRT-Sendung „*Echo*".

GESPRÄCHE MIT ZEITZEUGEN

ENGELS, Hans: persönliches Gespräch, geführt von Alain Kniebs, Eupen, 27. Juni 2025.

KLINKENBERG, Rudi: persönliches Gespräch, geführt von Alain Kniebs, Brüssel, 1. Dezember 2023.

THOMAS, Peter: persönliches Gespräch, geführt von Alain Kniebs, Eupen, 17. Oktober 2024.

VANHAEVERBEKE, Guy: persönliches Gespräch, geführt von Alain Kniebs, Uccle, 24. Mai 2024.

SEKUNDÄRLITERATUR

BRF (Hg.). *„18.00 Uhr: Hier ist der Belgische Rundfunk…". 20 Jahre BRF-Aktuell.* St. Vith, 1990.

BRF (Hg.). *Im Osten viel Neues. 50 Jahre BRF. Bilder und Texte aus Ostbelgien*, Eupen 1996.

BRF (Hg.). *60 Jahre Belgischer Rundfunk. 1945-2005: Ostbelgische Zeitgeschichte*. Eupen: GrenzEcho-Verlag, 2005.

BRÜLL, Christoph und FICKERS, Andreas. *Zwischentöne: 100 Jahre Ostbelgien (1920-2020) – 8 Radioessays*. Eupen: GrenzEcho-Verlag, 2020.

BRÜLL, Christoph; DEWES, Tobias; FICKERS, Andreas und SPROTEN, Vitus (Hg.). *Grenzerfahrungen. Eine Geschichte der Deutschsprachigen Gemeinschaft Belgiens. Band 6: Föderalisierung,*

Strukturwandel, Erwartungshorizonte (1974-heute). Eupen: Grenz-Echo-Verlag, 2023.

DERWAEL, Joachim. *Inventaris van het archief van de Belgische Radio en Televisie. Instituut van de Gemeenschappelijke Diensten en rechtsvoorgangers (IGD) (1931-1978).* Brüssel: Generalstaatsarchiv, 2011.

DERWAEL, Joachim. *Inventaris van het archief van de Belgische Radio en Televisie. Institut van de Nederlandse uitzendingen en rechtsvoorgangers (BRT INU) (1931-1973).* Brüssel: Generalstaatsarchiv, 2011.

GOOSENS, Cas. *Radio en Televisie in Vlaanderen: een geschiedenis.* Löwen: Davidsfonds, 1998.

HERREBOUT, Els. *Inventar des Archivs des Gouvernements Eupen-Malmedy (1873-1925), Reihe Inventare des Staatsarchivs Eupen Nr. 4, Veröffentlichung 5543.* Brüssel: Generalstaatsarchiv, 2015.

HILLIGSMANN, Germaine. *Tonarchiv des BRF (Belgisches Rundfunk- und Fersehzentrum) (1970-1980). Katalog, Verzeichnis der Personennamen, Schlagwortverzeichnis. Endarbeit.* Lüttich: Institut Provincial d'études et de recherches bibliothéconomiques, 1981.

KENNY, Nicolas. *Bruxelles et sa radio. Émotions et sonorités (1923-1960).* Brüssel: Maison CFC, 2019.

LEJEUNE, Carlo und BRÜLL, Christoph (Hg.). *Grenzerfahrungen. Eine Geschichte der Deutschsprachigen Gemeinschaft Belgiens. Band 5: Säuberung, Wiederaufbau, Autonomiediskussionen (19745-1973)*. Eupen: GrenzEcho-Verlag, 2014.

LHOIR, Gislain. *La mission Samoyède. Les maquisards de la Radio Nationale Belge 1940-1944*. In: *Revue belge de Philologie et d'Histoire*. Brüssel, 1988.

PABST, Klaus. *Deutsch auf belgischer Welle: Die Anfänge deutschsprachiger Sendungen im belgischen Rundfunk 1935–1940*. In: JENNIGES, Wolfgang (Hg.). *Gestalten und Entwicklungen. Historische Streifzüge zwischen Rhein und Maas (Seiten 253-271)*. Löwen, 2004.

PLISNIER, Flore. *Inventaire des archives de la Radiodiffusion Télévision belge (RTB). Insitut des émissions françaises (RTB IEF) (1925-1985)*. Brüssel: Generalstaatsarchiv, 2017.

PLISNIER, Flore. *Une histoire de la radiodiffusion-télévision francophone belge de 1960 à 1977 : Entre pluralisme, autonomie culturelle et tutelle politique, Serie Studies in Belgian History Nr. 7, Publ. 5940*. Brüssel: Generalstaatsarchiv, 2018.

QUADFLIEG, Peter. *Inventar Archivbestand Belgischer Rundfunk (BRF) (1945-2017), Reihe Inventare des Staatsarchivs Eupen Nr. 22, Veröffentlichung 6009*. Brüssel: Generalstaatsarchiv, 2019.

QUADFLIEG, Peter. *Inventar Archivbestand Janetzky, Irene (1946-1974), Reihe Inventare des Staatsarchivs Eupen*. Brüssel: Generalstaatsarchiv, 2020.

SPROTEN, Vitus. *Ostbelgien hört Ostbelgien: Der Belgische Hörfunk im Kontext der Debatten um die Kulturautonomie der deutschsprachigen Belgier (1965-1974), Serie Quellen und Forschungen zur Geschichte der Deutschsprachigen Belgier 11, Publ. 6029*. Brüssel: Generalstaatsarchiv, 2019.

SPROTEN Vitus. *Archiv des beigeordneten Bezirkskommissariats Eupen-Malmedy-Sankt Vith ((1919) 1940-2015), Reihe Inventare des Staatsarchivs Eupen NR. 34, Veröffentlichung 6518*. Brüssel: Generalstaatsarchiv, 2024.

THOMAS, Peter. *Der BRF – Die Rundfunkstimme im Grenzland.* In: NELDE, Peter (Hg.). *Deutsch als Muttersprache in Belgien, Forschungsberichte zur Gegenwartslage (Seiten 259-262)*. Wiesbaden, 1979.

WARNY, Heinz. *Lebensbilder aus Ostbelgien: Band 1*. Eupen: GrenzEcho-Verlag, 2017.

Wir hoffen, dass dieses Buch Ihren Erwartungen gerecht wurde!
Bitte teilen Sie uns Ihre Anmerkungen oder Kritik mit.
Wir freuen uns über jede Anregung und jeden Verbesserungsvorschlag.
Der Austausch mit unseren Leserinnen und Lesern liegt uns am Herzen.

GEV

Marktplatz 8 - BE-4700 Eupen
Tel. 0032 (0)87 59 13 03
buchverlag@ge-media.be
www.gev.be